JN025940

1冊ですぐ分かる

実践できる

税理士 損害賠償請求対策

有効な予防策・問題発生後の
対応、訴訟の流れまで

弁護士・税理士
岩品信明 [編著]

第一法規

はじめに

　私は企業法務、M&Aを中心に弁護士業務をしてきましたが、平成19年に東京国税局調査第一部に任期付公務員として出向して税理士業務も開始し、所属する事務所に復帰してからは税務を専門に業務をしています。税務訴訟のように弁護士でなければできない業務もしていますが、各種のタックスプランニングや税務調査対応、相続税の申告業務なども行い、弁護士と税理士の双方の立場から業務をしています。この双方の立場の中で特徴的なのは、税理士損害賠償請求に関する業務です。税法や税務手続など税理士としての知見を基礎としながら、善管注意義務違反の有無の検討や、依頼者や税理士との交渉など、弁護士としての業務を行うことがあります。本書では、弁護士兼税理士の立場から、これまで取り扱ってきた事案をもとに、税理士損害賠償請求についてまとめました。

　弁護士や税理士は依頼者のために業務をしますので、依頼者から信頼を得て感謝されるときに最もやりがいを感じます。満足のいくタックスプランニングをすることができたときや税務調査を無事に乗り切ることができたときには、それまでの苦労が報われたことを実感します。この本を読んでくださる税理士の方々も同じような思いを抱かれていると思います。しかしながら、人間であるため誰でもミスをすることもあり、税理士損害賠償請求の問題が生じることもあります。多くの申告業務を抱えて多忙であるとき、依頼者の期待に応えたいという想いが強く行き過ぎた節税スキームを提案してしまうとき、もしくは依頼者とのコミュニケーションが十分でないときもあるかもしれず、このようなときにはミスをしがちです。私自身も税理士業務をしていますので、税理士損害賠償請求の問題を取り扱うときには、税理士側にも同情できる事情があったのではないかと思うことがあります。

税理士であれば誰でも、税理士損害賠償請求にかかわる問題を起こしたくないと思っています。しかし、常に完璧に業務を遂行し続けることはできないので、長い税理士生活の中で依頼者からクレームを受けたり、損害賠償請求を受けたりすることが一度はあるでしょう。税理士損害賠償請求は避けることができない問題であり、一度は正面から向き合う必要がありますので、その際に本書が一助になれば幸いです。

　税理士の先生方には、まず、税理士損害賠償請求の現状（第1章）を理解し、どのようなミスが多く、どのくらいの金額の損害賠償請求がなされているのかを知っていただきたいと思います。その次に、税理士損害賠償責任とは何かという観点から、賠償責任の理論的な根拠を民法上の善管注意義務から理解していただきたいと思います（第2章）。主要・重要裁判例（第3章）は、特に税理士が知っておくべき訴訟についてピックアップしていますので、これを読むと訴訟での争点や損害賠償の金額の目安なども分かります。そして、最も重要なことはミスをしないことであり、委任契約書の作成や業務遂行において十分な注意をし、また、ミスをした場合に適切に対応することですので、そのような税理士損害賠償請求の対策（第4章）をまとめました。さらに、税理士損害賠償請求が当事者間の交渉で解決しない場合には、最終的には依頼者から訴訟提起されることがあります。税理士の先生方は訴訟はあまり馴染みがないと思うので、訴訟手続の概略もまとめました（第5章）。

　読者の皆様には、税理士損害賠償請求の問題が生じないように、また、仮に税理士損害賠償請求の問題に直面した場合には本書を参考にしていただきつつ適切に対応できるように願っています。

2024年2月

弁護士・税理士　岩品　信明

目次

i

第3章　主要・重要裁判例

第4章　税理士損害賠償請求の対策

＊本書は、2023年10月1日現在の法令等に基づいています。

第 1 章

税理士損害賠償請求の現状

1 保険金支払件数と総額の推移

　本章では、税理士に対する損害賠償請求の現状について触れます。

　どのような事情に基づいて賠償責任が生じているかを分析することにより、注意しなければならない点が分かってきます。

　図1は株式会社日税連保険サービス（以下、「日税連保険サービス」といいます）が作成している「税理士職業賠償責任保険事故事例」という冊子をもとに、保険金の支払件数および支払総額の推移をまとめたものです。

図1：保険金支払件数と支払総額の推移

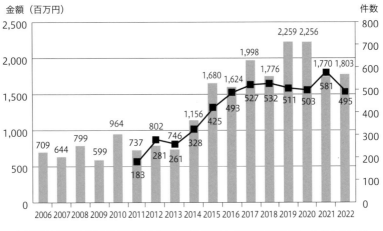

（「税理士職業賠償責任保険事故事例2022年7月1日〜2023年6月30日」などから編集）

　棒グラフの上側の数字が保険金の支払総額です。これを見ていただきますと、2013年までは最大でも2010年の9億6,400万円と、すべて10億円を下回っていました。その後、2014年からは10億円を超えており、2019年、2020年には22億円を超え、2013年から見て2倍以上に増えています。もっとも、2021年には2018年と同水準の17億7,000万円まで減少しています。

　次に、支払件数は折れ線グラフの下側の数字ですが、支払件数も同様に 2013 年頃までは 300 件未満だったのが、2017 年から 500 件を超え、その後はほぼ 500 件を超えたまま推移しており高止まりの状況が続いています。

　このように、過去 10 年の間に、年度ごとの増減はあるものの、保険金の支払件数も支払総額も、倍程度に増加している状況です。なお、これらはあくまで保険を使った事例ですので、保険を請求しないで解決した事例というのも相当数あり、実際の損害賠償請求事例は上記の数字の数倍以上はあるものと考えられます。保険を使うと次回以降保険料が上がってしまうので、賠償金額が小さいときにはなるべく保険を使わず、多額になれば負担も大きく保険を使うことになるので、上記の数字には現れない小規模な案件で保険金を請求しないものも多数あると考えられます。その点ご留意ください。

2　税目別支払件数と総額

　次頁の図 2 は、2022 年度の税目別の支払件数と支払総額をまとめたものです。

　いずれも、消費税が半分程度を占めています。

　支払件数については、消費税に続き、法人税、所得税、相続税、贈与税と続いています。

　支払総額についても、支払件数の多い税目が順当に支払総額も多くなっています。

　このことからすると、消費税は過誤が発生しやすく、特に注意しなければならないことが分かります。

図２：2022 年度税目別支払件数と支払総額

●消費税、法人税、所得税での事故・支払金額が多い

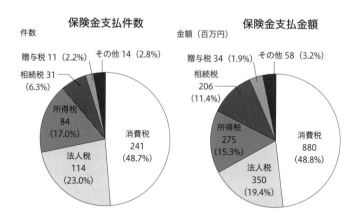

(「税理士職業賠償責任保険事故事例2022年7月1日〜2023年6月30日」などから編集)

3 税目別内訳と主な事故原因

（１）消費税

　まず、消費税について見てみましょう。

　消費税については、2022 年度で件数が 241 件、支払金額が 8 億 8,000 万円となっており、1 件当たり約 365 万円という金額になっています。

　全体に占める件数が 48.7%、全体に占める支払金額が 48.8% で、それぞれ全税目中最多です。

　原因については、簡易課税の選択の不適用届出書の提出の失念が 75 件、簡易課税の選択届出書の提出の失念が 37 件、課税事業者の選択届出書の提出の失念が 35 件、課税仕入れの一括・個別の誤選択が 30 件というように、何らかの届出書の提出を忘れたということがそれぞれ数十件単位であります。

　消費税の場合は申告内容が問題というよりも、届出書の提出の有無が問題になっており、届出書の提出の失念には非常に注意しなければならないことが分かります。

　提出の失念は、本来的には納税者と税理士の双方で気付かなければならないものであり、いずれかが気付いて期限内に提出すれば何も問題なかったにもかかわらず、両者が失念してしまって税理士が損害賠償請求を受けてしまうということがあるため、注意が必要なところです。対策については本書第4章「税理士損害賠償請求の対策」にて取り上げます。

　消費税では税法解釈などから損害賠償請求を受けることがあまりないため、必要書類をきちんと提出することが重要と考えられます。

　また、2023年10月1日施行の改正消費税法においては、小規模事業者に係る税額控除に関する経過措置（2割特例）や免税事業者等からの仕入れに関する経過措置も存在しますので、経過措置の適用の可否等を忘れずに検討する必要があります。

（2）法人税

　次に、法人税について見てみましょう。

　法人税については、2022年度で件数が114件、支払金額が3億5,000万円となっており、1件当たり約307万円という金額になっています。

　原因については、2021年度の件数になりますが、事前確定届出給与に関する届出書の提出失念・記載誤りが40件、青色申告の承認申請書提出失念が13件、法人税額特別控除の適用失念（雇用者給与等支給額が増加した場合）が11件となっています。法人税でも消費税と同様に書類提出の失念が事故件数の中でも多くなっていますので、法人税についても書類提出を忘れないように注意をすることが一番重要だと考えられます。

　ちなみに、青色申告承認申請書の提出失念については、筆者自身も損

害賠償を請求する側で取り扱ったことがあります。会社を設立して青色申告承認申請書を提出する予定であり、会社から税理士に「12月の年末ぐらいに青色申告承認申請書の提出をお願いします」とメールを出しておいて、税理士も提出を承知した旨返信したのですが、年末年始が入り、年始の正月明けすぐの提出期限までに提出をし忘れたというものです。おそらく、税理士としても年末年始の忙しい時なので、とりあえず提出を承知した旨返信したと思うのですが、多忙に加え年末年始も挟んだために提出を忘れてしまったのだろうと思われます。結果、多額の欠損があったのですが、通算することができなくなり、数千万円単位の損害賠償額が発生してしまいました。

（3）所得税

　所得税については、2022年度で、件数で84件、支払金額が2億7,500万円になり、1件当たり約327万円になります。

　原因としては、こちらも2021年度の件数になりますが、住宅借入金等特別控除に関する誤りが19件で最多であるものの、上場株式等に係る譲渡損失の繰越控除適用失念が9件、上場株式等の配当についての申告方法の選択誤りが8件など、税制の適用の失念、届出書の提出失念といったものが上位となっています。このように保険で問題になる案件というのは、消費税や法人税でもそうでしたが、何かうっかり忘れてしまったというものが多くなっています。

（4）相続税・贈与税

　相続税については、2022年度で、件数で31件、支払金額が2億600万円になり、1件当たり約664万円になります。

　原因としては、小規模宅地等の特例の適用の誤り、財産評価の誤りなどが多く、相続税法の内容に関連した点が問題になります。

　贈与税については、2022 年度で、件数で 11 件、支払金額が 3,400 万円になり、1 件当たり約 309 万円になります。

4　保険金が支払われない場合

　税賠保険に加入していても、必ず保険金が支払われるわけではありません。いかなる場合に保険金が支払われないかについては、各保険会社が公表する保険約款に記載があります。

　税理士職業賠償責任保険適用約款において定められている保険金が支払われない場合というのは、例えば以下のような場合です。

　まず、保険契約者または被保険者の故意によって生じた賠償責任について保険金は支払われないことになります。また、過少申告加算税、無申告加算税、不納付加算税、延滞税および利子税等にも保険は適用されないことになっています。他にも、被保険者の犯罪行為等に起因する賠償責任にも保険は適用されません。不正に賦課または徴収を免れたような場合や還付を受けた場合も同様です。加えて、故意に真正の事実に反して税務代理または税務書類を作成したことに起因する場合や、重加算税等を課されたことに起因する賠償責任、情報の漏えいに起因する賠償責任も保険の適用から除外されています。

　具体的な事例について見ていきましょう。保険金が支払われなかった例として公表されている事例としては、以下のような事例があります（出典：「税理士職業賠償責任保険事故事例 2021 年 7 月 1 日〜 2022 年 6 月 30 日」（日税連保険サービス））。

［事例］

　依頼者法人が、平成 30 年 12 月期（第 2 期）の特定期間（平成 29 年 3 月から 8 月までの 6 か月間）の課税売上高および給与等について、共

に1,000万円を超えたことにより課税事業者となったにもかかわらず、税理士が平成30年12月期（第2期）の消費税確定申告を失念した結果、その後の税務調査により、当期の消費税確定申告書が無申告であることを指摘され、税理士が依頼者法人より損害賠償請求を受けたという事例。

[**税賠保険における判断**]

　損害賠償請求がなされた消費税のうち本税は税制選択その他の事項に関する税理士の過失がなかったとしても、依頼者が納付する義務を負う本税（本来納付すべき本税）であり、税理士職業賠償責任保険の支払対象外となる。また、延滞税、加算税も支払対象外となる。

　上記の［税賠保険における判断］は、当該保険を提供する保険会社の保険約款の規定内容にしたがってなされたものといえます。

　以上のように、保険が適用されない場合はありますが、うっかりミスのときには保険でカバーされることも多いので、保険への加入は重要と考えられます。

第 **2** 章

そもそも
「税理士損害賠償責任」って？

1 税理士と依頼者との法律関係―委任契約―

税理士と依頼者との間の法律関係については基本的に委任契約となるものと考えられ、最高裁判所の判例においてもそのように考えられています（最判昭和58年9月20日（判例タイムズ513号151頁））。

委任契約は、受任者が委任者から委託されて法律行為を行うことを目的とする契約をいい、民法第643条以下に規定されています。また、法律行為以外の事実行為を委託する場合には準委任と称され、民法上、委任契約の規定が準用されます（民法第656条）。

委任契約は原則として委託された事務処理の対価を伴わない無償契約であり、受託者のみが事務処理の義務を負う片務契約とされていますが、特約を定めることにより事務処理に対して報酬が発生する有償契約とし、委託者と受託者がそれぞれ報酬支払義務と事務処理義務を負う双務契約とすることができます（民法第648条第1項）。

2 善管注意義務の概要

委任契約においては、「受任者は、委任の本旨に従い、善良な管理者の注意をもって、委任事務を処理する義務を負う」ことが民法上規定されており、この受任者の義務を善管注意義務といいます（民法第644条）。「善良な管理者の注意」とは、合理的な人の注意のことをいい、具体的には、職業・社会的地位・技能・経験等から当該受任者と同一のグループに属する平均的な人を想定し、その平均的な人であれば合理的に尽くすと考えられる注意のことを意味します[1]。

---

1 潮見佳男『基本講義　債権各論Ⅰ（第3版）　契約法・事務管理・不当利得』（新世社、2017年）258頁

　また、受任者は、その委任契約が有償であるか否かに関係なく善管注意義務を負担することとなります。善管注意義務の程度が受任者の個人的能力によって変わることもありません。

　税理士は、依頼者との委任契約において、受任者として、依頼者に対し、業務の遂行に関して善管注意義務を負います。

　そして、税理士が負う善管注意義務については、さらに、①高度の注意義務、②忠実義務、③指導・助言・説明・情報提供義務、④業務補助者に対する指導・監督義務に分けられます。以下、それぞれについて詳述します。

3　高度の注意義務

（1）高度の注意義務の内容

　税理士が善管注意義務の一環として負う高度の注意義務とは、専門家として租税に関する法令に精通し、業務の遂行にあたって一般人と比較してより高度かつ広範囲の注意を尽くす義務のことを意味します。

（2）高度の注意義務の具体例

　裁判上で認定された高度の注意義務には、依頼者の作成した資料を確認すべき義務や、申告した範囲以外の部分についての小規模宅地等の特例の適用を認識すべき義務があり、裁判ではかなり広範な注意義務が認定されているといえます。税理士が受任した業務を適正に遂行すべきことは当然ですが、受任した業務に関連・付随する業務についても専門家として注意しなければなりません。

義務の内容	概要
依頼者の作成した資料を確認すべき義務	消費税の確定申告において、税理士は、委任者の作成した集計表等の誤りの有無を確認すべき一般的な義務を負っており、または、集計表に誤りが存在することをうかがわせる事情が存在していたことから、集計表の内容を調査確認すべき個別具体的な義務を負っていた（後述（**3**）①）
申告した範囲以外の部分についての小規模宅地等の特例の適用を認識すべき義務	相続税の確定申告において小規模宅地等の特例の適用の有無が問題となった事案について、当時の通達の逐条解説にあたれば被告が申告した範囲以外の部分についても小規模宅地等の特例の適用があることは容易に判断できた（後述（**3**）②）

（3）高度の注意義務に関する裁判例

　実際に税理士が負う善管注意義務としての高度の注意義務が問題となった裁判例としては以下のものが存在します。

①**東京地裁平成 22 年 12 月 8 日判決**（判例タイムズ 1377 号 123 頁）（税理士が誤って消費税および地方消費税を過少に申告したことにつき善管注意義務違反が認められた事案）

　本件では、税理士である被告が人材派遣業を営む株式会社である原告から委任を受けて税務申告を行ったところ、消費税および地方消費税の額を誤って過少に申告したことで、原告が過少申告加算税や延滞税を納付することとなったことにつき、原告が被告に対し、債務不履行に基づき 1,678 万 760 円の損害賠償および遅延損害金の支払を求めました。本件では、過少申告の原因は原告における消費税等の額の算出にあるという事情がありました。

　裁判所は、税務申告の委任を受けた税理士の負う善管注意義務の内容

について、税理士は、委任の趣旨に従い、専門家としての高度の注意を
もって委任事務を処理する義務を負うとの理解を示した上で、善管注意
義務の一環として、委任者の作成した集計表等の誤りの有無を確認すべ
き一般的な義務を負っており、または、集計表に誤りが存在することを
うかがわせる事情が存在していたことから、集計表の内容を調査確認す
べき個別具体的な義務を負っていたとして、被告の善管注意義務違反を
認め、896 万 4,900 円の損害賠償責任を肯定しました。

②東京地裁平成 11 年 10 月 26 日判決／東京高裁平成 13 年 7 月 11
　日判決（TKC 税研情報 11 巻 3 号 24 頁）（税理士が租税特別措置法上の小規
　　模宅地等についての評価・選択を誤ったとする善管注意義務違反の主張が排斥
　　された事案）

　本件では、税理士である被告に対して相続税申告手続事務を委任した
原告 A および B が、被告が租税特別措置法上の小規模宅地等について
の相続税の課税価格の計算の特例の解釈・適用を誤り、課税価格上不利
な選択をしたことが善管注意義務に違反するなどと主張し、被告に対し、
原告 A が 1 億 141 万 8,698 円の損害賠償を、原告 B が 1 億 106 万 602
円の損害賠償を、それぞれ求めました。

　第一審では、本件で問題となった上記特例の適用に関する基準につい
て、被告が自ら検討したのみならず、税務当局に相談に行くなどして十
分な調査を行った上でその調査の結果、上記特例の内容や実務の取扱い
の現状等を適切に説明し、委任者である原告らに上記特例の適用対象の
選択・判断を求め、原告らの意見に従って申告を行ったという事情に基
づき、被告の善管注意義務違反は認められないと判断されました。

　控訴審では、原審の判断が支持された一方で、原告らから新たに追加
された被告による相続税の申告には上記特例の適用対象の範囲に関する
判断の誤り・原告らへの適切な説明の欠如があったとする主張に関して、

当時の通達の逐条解説にあたれば被告が申告した範囲以外の部分についても上記特例の適用があることは容易に判断できたこと、被告自身もその適用があると判断していたにもかかわらず原告らに自己の判断やその適用を前提に申告した場合の帰結について適切な説明を行っていないことなどから、当該主張について被告の善管注意義務違反があると判断され、原告らの主張に対応して原告Aについては2,746万7,070円、原告Bについては2,750万7,430円の損害賠償が認められました。

4 忠実義務

（1）忠実義務の内容

税理士は、善管注意義務の内容として忠実義務を負っており、①納税者の信頼に応え、委任の本旨に従って法の許す範囲で納税者の利益になるよう業務を遂行しなければならないという義務を負っていると解されており[2]、②このような義務を遂行するために、業務上必要な前提事実を税理士自ら調査・確認することも必要であると解されています[3]。

（2）忠実義務の具体例

忠実義務の内容とその具体例としては以下のようになります。

義務の内容	概要
納税者の利益になるように業務を遂行する義務	●納税者が物納に充てることが可能な財産を有している場合には、延納申請ではなく、物納を検討すべきである（後述**（3）**①）

---

2 岩品信明「税理士損害賠償責任」租税研究883号134頁
3 鳥飼重和・齋藤和助『税理士の専門家責任とトラブル未然防止策　法的責任から賠償訴訟の対応まで』（清文社、2013年）36頁

	●納税者に有利な特例がある場合（相続税における小規模宅地等の特例や買換え特例など）には、特例の適用を検討すべきである
	●納税者に有利になり得る申請等がある場合（法人税・所得税における青色申告の申請など）には、申請等を検討すべきである
業務上必要な前提事実を調査・確認する義務	●納税者の過去の申告状況が問題になり得る場合には、納税者に事実関係を確認し、過年度申告書の閲覧請求をすべきである（後述（**3**）②）

（3）忠実義務に関する裁判例

　税理士の忠実義務が問題となった裁判例として下記のものがあります。

①東京地裁平成 7 年 11 月 27 日判決（判例タイムズ 925 号 214 頁）

　本裁判例は、相続税の申告について、原告依頼者が物納に充てることが可能な財産を有していたにもかかわらず、被告税理士が延納手続の申請をした事案において、「被告が…延納の申請手続をしたことは、特段の事情のない限り、委任の本旨に従わず、かつ、善良な管理者の注意で委任事務を処理しなかったものということができる。」と判示して、善管注意義務違反を認めています。

　かかる判示から、本裁判例は、税理士は、善管注意義務の内容として、委任の本旨に従って納税者の利益になるよう業務を遂行しなければならないという忠実義務を負っていることを前提としていると考えられます。

　なお、損害については「被告のした延納手続によって生じた損害は、契約の本旨に則り物納がされうる場合に原告らが失うべきものより被告のした延納の申請を前提として原告らが出費を余儀なくされたものが多いときに生じ、その差額」であると判示し、前者の「契約の本旨に則り

物納がされうる場合に原告らが失うべきもの」には、相続税額から現金
納付額等を控除した額が該当し、後者の「被告のした延納の申請を前提
として原告らが出費を余儀なくされたもの」には、延納手続により土地
を売却したことによる損害額、延納利子税額から土地の保有の利益を控
除した額および過少申告加算税額等が該当すると判示され、結果的に
2億8,086万2,056円の損害賠償責任が認められました（過失相殺につ
いては認められませんでした）。

②京都地裁平成7年4月28日判決（TAINS Z999-0008）

　本裁判例は、被告税理士が、原告依頼者の建物の譲渡所得の申告をす
るにあたって、依頼者が当該建物を取得する際、買換え特例（租税特別
措置法第37条（昭和62年法律第96号による改正前のもの））の対象
となっていたかを特に調査せずに確定申告書を作成した事案において、
裁判所は「税理士が、依頼者の税務書類の作成過程において、依頼者か
ら事情を聴取する際には、特に問題となりそうな点に言及し、事実関係
の把握に努め、依頼者の説明だけでは十分に事実関係を把握できない場
合には、課税庁で当該疑問点を指摘し、調査を尽くさなければならない」
「税理士は、依頼者からの事情聴取で生じた疑問点については、課税庁
に出向いて、過年度の申告書類の閲覧を求め、…税務職員に閲覧を拒否
されたならば、少なくとも、疑問点を特定して質問をし、回答を求めな
ければならない」旨判示しました。

　かかる判示から、本裁判例は、税理士は、善管注意義務の内容として、
忠実義務を遂行するために、業務上必要な前提事実を税理士自ら調査・確
認することも必要であることを前提としているとしていると考えられます。

　本裁判例では、原告から建物取得時に買換え特例の適用を受けたこと
をうかがわせる説明を受けていたにもかかわらず特に調査せず確定申告
の代行をしたとして善管注意義務違反を認定し、過少申告加算税、延滞

税および延滞金等を損害として認定し、原告が被告に交付した税務関係資料が不完全であったとして原告の過失割合2割を考慮した上で、結果的に255万2,149円の損害賠償責任が認められましたが、控訴審（大阪高裁平成8年11月29日判決（TAINS Z999-0012））では、すでに買換え特例の適用を受けていたことをうかがわせるような事情が存在したことを認めるに足りる証拠はなく、善管注意義務があったとはいえないと判示されています。

5　指導・助言・説明・情報提供義務

（1）指導・助言・説明・情報提供義務の内容

税理士は、善管注意義務の内容として指導・助言・説明・情報提供義務を負っており、納税者が納税方法等において正しい判断をできるように適切な指導・助言を行う必要があるとともに、依頼者に対して租税に関する正確な情報を提供し十分説明する必要があると解されています[4]。

例えば、受任業務の遂行上、より納税者に有利な方法があり得る場合に、その方法に関する説明・助言をする義務や、特に行政の内部規定である通達と反する処理を行うような場合等、納税者の課税上のリスクがある場合にこのようなリスクを説明する義務等があると解されています[5]。

（2）指導・助言・説明・情報提供義務の具体例

指導・助言・説明・情報提供義務の内容とその具体例については以下のようになります。

4　岩品信明「税理士損害賠償責任」租税研究883号134頁
5　鳥飼重和・齋藤和助『税理士の専門家責任とトラブル未然防止策　法的責任から賠償訴訟の対応まで』（清文社、2013年）37,38頁

義務の内容	概要
助言・指導・説明・情報提供義務（納税者が納税方法等において正しい判断をできるように適切な指導・助言を行う必要があるとともに、依頼者に対して租税に関する正確な情報を提供し十分説明する義務）	●基本通達と異なる税務処理をして確定申告をする場合には、更正処分や過少申告加算税の賦課決定を受ける危険性があることを納税者に理解させる義務があるというべきである（後述（3）①） ●納税者の税務に関する行為により課税上重大な利害得失があり得ることを具体的に認識または容易に認識し得るような事情がある場合には、納税者に対し、その旨の助言、指導等をすべき付随的な義務が生じる場合もあるというべきである（後述（3）②）

（3）指導・助言・説明・情報提供義務に関する裁判例

　税理士の指導・助言・説明・情報提供義務が問題となった裁判例として下記のものがあります。

①大阪高裁平成 10 年 3 月 13 日判決（判例時報 1654 号 54 頁）

　本裁判例は、法人税の確定申告において基本通達と反する処理を行うことについて、被告税理士が当該処理により更正処分を受けることや過少申告加算税が賦課されること等の不利益を受ける可能性が高いことを十分に説明しなかった事案において、「税理士は、委任契約の受任者として法令の許容する範囲内で依頼者の利益を図るべきであるところ、依頼者から基本通達に反する税務処理を求められたり、専門家としての立場からそれなりの合理的理由があると判断して基本通達と異なる税務処

理を指導助言したりする場合において、基本通達が国税庁長官が制定して税務職員に示達した税務処理を行うための基準であって法令ではないし、個々の具体的事案に妥当するかどうかの解釈を残すものであるから、確定申告をするに当たり形式上基本通達に反する税務処理をすることが直ちに許されないというものではないものの、税務行政が基本通達に基づいて行われている現実からすると、当該具体的事案について基本通達と異なる税務処理をして確定申告をすることによって、当初の見込に反して結局のところ更正処分や過少申告加算税の賦課決定を招くことも予想されることから、依頼者にその危険性を十分に理解させる義務があるというべきである」と判示して、善管注意義務違反を認めています。

　かかる判示から、本裁判例は、税理士は、善管注意義務の内容として指導・助言・説明・情報提供義務を負っており、納税者が納税方法等において正しい判断をできるように適切な指導・助言を行う必要があるとともに、依頼者に対して租税に関する正確な情報を提供し十分説明する必要があることを前提としていると考えられます。

　なお、損害については、過少申告加算税が損害として認定され、過失相殺については、原告が基本通達に反する処理を行うことを承知していた等の事情を考慮して原告の過失割合は 5 割であると認定され、結果的に 329 万 4,600 円の損害賠償責任が認められました。

②東京地裁平成 24 年 3 月 30 日判決 （TAINS Z999-0132）

　本裁判例は、原告依頼者が、被告税理士法人が消費税法上の課税事業者選択届出に関する指導・助言等の義務を怠ったことから、期末に有していた棚卸資産について仕入税額控除を受けることができなかったとして、被告税理士法人に対して損害賠償を求めた事案において、「本件顧問契約は、被告が税理士法人であり専門的知識を有することを前提として締結されたものであるからすれば、原告からの個別の相談又は問合せ

がなくても、原告から適切に情報提供がされるなどして、被告において、原告の税務に関連する行為により課税上重大な利害得失があり得ることを具体的に認識し又は容易に認識し得るような事情がある場合には、原告に対し、その旨の助言、指導等をすべき付随的な義務が生じる場合もあるというべきである」と判示しました。

　かかる判示から、本裁判例は、税理士は善管注意義務の内容として、少なくとも、依頼者の課税上重大な利害得失があり得ることを具体的に認識しまたは容易に認識し得るような事情がある場合には、依頼者に対する指導・助言等の義務を負っていることを前提としていると考えられます。

　なお、「第2期末までに、原告が期末時点で仕入額が高額となる大量の在庫を抱え、かつ、それを第3期及び第4期においてもほとんど販売することが見込めない特段の事情があったこと、ひいては、課税事業者選択届出書を提出して課税事業者となった方が課税上有利になることを具体的に認識し又は容易に認識し得たとはいえ」ず、「①本件制度の存在をあらかじめ助言する義務や②第2期末に在庫商品が生じると見込まれるときはあらかじめ被告に連絡をするように注意喚起する助言、指導をする義務があったとはいえない」と判示され、結論として、被告の善管注意義務違反は否定されています。

6 業務補助者に対する指導・監督義務

（1）業務補助者に対する指導・監督義務の内容

　税理士は、善管注意義務の内容として業務補助者に対する指導・監督義務を負っており、事務所スタッフなどの使用人等が行う補助業務は税理士業務の一環であり、税理士は使用人に対する指導・監督義務を負っ

ていると解されています[6]。

　税理士業務を補助する使用人が誤った処理により依頼者に損害を生じ
させた場合には、当該使用人を雇用している税理士は債務不履行責任（本
章7で後述）を負うと解されています[7]。

　業務補助者に対する指導・監督義務は、民法上の債務不履行責任の解
釈を根拠として認められている義務です。債務不履行による損害賠償責
任を規定した民法第415条第1項では「債務者の責めに帰することが
できない事由」（＝帰責事由）がない場合には、債務者は損害賠償責任
を負わないと規定しています。帰責事由には、債務者自身の故意・過失
だけでなく、判例・学説上、信義則上これと同視すべきものとして履行
補助者の故意・過失が含まれています。したがって、債務者（税理士）は、
履行補助者の故意・過失に対しても債務不履行責任を負い、その反面と
して税理士は業務補助者に対して指導・監督義務を負うと考えられてい
ます。

　このように、業務補助者の故意・過失は税理士自身の故意・過失と同
視されるため、業務補助者が税理士の業務を遂行している限り、業務補
助者に対する指導・監督義務違反に基づく責任を免れないと考えられま
す。

（2）業務補助者に対する指導・監督義務の具体例

　業務補助者に対する指導・監督義務の内容とその具体例としては以下
のようになります。

6　岩品信明「税理士損害賠償責任」租税研究883号135頁
7　鳥飼重和・齋藤和助『税理士の専門家責任とトラブル未然防止策　法的責任から賠償
　訴訟の対応まで』（清文社、2013年）22,23頁

義務の内容	概要
業務補助者が説明義務を果たすよう指導・監督する義務	税理士が雇用する職員等の履行補助者が課税の特例の存在や重加算税や延滞税などを課せられる危険について説明義務を果たさなかった場合には税理士の善管注意義務違反を構成する（後述 **（3）**①②）

（3）業務補助者に対する指導・監督義務に関する裁判例

　税理士の業務補助者に対する指導・監督義務が問題となった裁判例として下記のものがあります。

①大阪高裁平成 15 年 6 月 6 日判決（TAINS Z999-0072）

　本裁判例は、原告依頼者が、被告税理士、および記帳代行業務、経営コンサルタント業務等を行う株式会社（以下、「本件株式会社」といいます）に対して、税務申告および記帳代行業務等を委任していたところ、被告税理士および本件株式会社の取締役であり原告納税者の担当者（以下、「本件担当者」といいます）が、収容等に伴い特別勘定を設けた場合の課税の特例（租税特別措置法第 64 条の 2 （平成 13 年法律第 7 号による改正前のもの））について説明義務を果たさなかった事案において、本件株式会社は、被告税理士の計算センター的なものであり、被告税理士の事務所に事務員はおらず、従業員はすべて本件株式会社の従業員となり記帳代行等の業務を被告税理士から受託しているという事実からすれば、被告税理士は、原告依頼者と締結した顧問契約において、本件株式会社および本件担当者を履行補助者として使用していたと見るのが相当であるから、本件株式会社ないし本件担当者がした上記説明義務違反により、被告税理士もまた原告依頼者に対し、債務不履行責任を負

うというべきである旨判示しています。

　かかる判示から、本裁判例は、業務補助者の説明義務違反等は税理士の善管注意義務違反を構成することを前提としていると考えられ、このことから、税理士は業務補助者に対する指導・監督義務を負っていると考えられます。

　なお、損害として、過少申告加算税ならびに本税、延滞税および延滞金の約3分の1に相当する額が損害として認められ、過失相殺は認められず、結果的に2億4,406万2,400円の損害賠償責任が認められました。

②前橋地裁平成14年12月6日判決（TAINS Z999-0062）

　本裁判例は、被告税理士の雇用する職員が、原告依頼者の指示どおりの申告をした場合に、原告依頼者が将来脱税を指摘されて重加算税や延滞税などを課せられる危険があることを何ら説明しないまま，原告依頼者の指示どおりに所得税等の確定申告手続を行った事案において、「税務に関する専門家である税理士としての立場から、依頼者に対し不適正の理由を説明し、法令に適合した申告となるよう適切な助言や指導をするとともに、重加算税などの賦課決定を招く危険性があることを十分に理解させ、依頼者が法令の不知などによって損害を被ることのないように配慮する義務に違反しており、被告の債務不履行になるといわざるを得ない」と判示されています。

　かかる判示から、本裁判例は、税理士の雇用する職員の説明義務違反等は税理士の善管注意義務違反を構成することを前提としていると考えられ、このことから、税理士は職員等の履行補助者に対する指導・監督義務を負っていると考えられます。

　なお、損害については、重加算税、延滞税および消費税重加算税が認められ、過失相殺については、原告依頼者が、自己の指示するやり方による確定申告手続が不適法ないし不適正であることを認識しつつ、自己

の指示する方法で確定申告手続をするよう要請したこと等から9割の過失相殺が認められ、結果的に238万1,370円の損害賠償責任が認められました。本裁判例については第3章の**5**で詳解します。

7　損害賠償責任

（1）債務不履行に基づく損害賠償請求の要件

前述の**6**までで解説した注意義務違反を根拠として、損害賠償請求が認められるためには、民法所定の損害賠償請求の要件を満たす必要があります。

民法上の損害賠償請求は、大きく分けると、①債務不履行に基づく損害賠償請求（民法第415条第1項）または②不法行為に基づく損害賠償請求（民法第709条）の2つの類型があり、それぞれの請求が認められるための要件は以下のとおりです。

債務不履行に基づく損害賠償請求の要件	不法行為に基づく損害賠償請求の要件
①債務不履行の事実 ②帰責性 ③損害の発生およびその金額 ④損害の発生と債務不履行との間の因果関係	①故意・過失 ②権利・利益侵害行為 ③損害の発生およびその金額 ④損害の発生と不法行為との間の因果関係

債務不履行に基づく損害賠償請求と不法行為に基づく損害賠償請求を比較すると、前者については、請求者と被請求者との間で、顧問契約等に基づき、債権・債務関係が認められる場合に請求されることが多いです。後者については、そのような債権・債務関係が認められない場合、例えば、税理士法人のスタッフ等に対する損害賠償請求や税理士法人の

使用者責任を追及する場合に請求されることが多いです。

　税理士損害賠償責任においては、債務不履行に基づく損害賠償請求の方が不法行為に基づく損害賠償請求より、立証責任の点や消滅時効の点で請求者に有利であるため、前者に基づく損害賠償請求がなされることが多いです。そこで、前者の観点から損害賠償請求が認められる場合の要件を以下①～④で解説します。

　債務不履行に基づく損害賠償請求の要件がすべて認められると、依頼者等の請求者に損害賠償請求権が認められ、税理士等の被請求者はこれに応じる必要があります。したがって、請求を受けた税理士としては、請求を免れるためには、下記①から④の要件を満たさないと反論をすることが必要となります。また、下記①から④の要件が認められたとしても、税理士は、消滅時効、過失相殺等の抗弁を主張して、請求を免れることもできます。

①債務不履行の事実

　債務不履行に基づく損害賠償請求は、債務の不履行があることを原因とするものであり、「債務者がその債務の本旨に従った履行をしないとき又は債務の履行が不能であるとき」（民法第415条第1項）に該当する必要があるため、債務不履行の事実が損害賠償請求の要件となっています。債務不履行の事実は、さらに以下の2つの要素に分けることができます。

> （a）債務の発生
> （b）債務の不履行の事実

　（a）の債務の発生とは、税理士に何らかの債務が生じたことを意味します。例えば、税理士に説明義務等が発生した場合がこれに当たります。

債務不履行に基づく損害賠償請求は、税理士と依頼者との間の委任契約上の債務の不履行を根拠とすることが一般的です。そのため、請求者は、当該委任契約の締結をもって、債務が発生したと主張することになります。依頼者と税理士との間で顧問契約書や委任契約書等を作成して委任契約を締結することが通常ですので、そのような契約書等の内容を前提に税理士がどのような行為をするべきであったかを事案に応じて具体的に検討する必要があります。債務の内容は、税理士と依頼者との間の委任契約の内容に応じて決まるところではありますが、一般的に、委任契約上、税理士には善管注意義務が認められるところです。善管注意義務に基づき、具体的にどのような注意義務が認められるかについては、前述の本章 2 以下を参照してください。

（b）の債務不履行の事実とは、債務を履行しないことをいいます。例えば、税理士に説明義務等の義務があるにもかかわらず、説明を行わなかった等の事実がこれに当たります。

債務不履行については、いくつかの類型が認められるところです。債務不履行をどのように分類するかは、近時議論のあるところではありますが、履行遅滞、履行不能および不完全履行の類型に分けることができるとされています。

それぞれの意義および具体例は下記のとおりです。

履行遅滞	意義	履行が可能であるにもかかわらず期限を徒過して履行しないこと[8]
	例	所得税の申告が 3 月 15 日に間に合わず、3 月 20 日など期限に遅れて申告する場合等

8　我妻　栄『新訂　債権総論（民法講義Ⅳ）』（岩波書店、1964 年）99 頁

履行不能	意義	履行が契約その他の債務の発生原因および取引上の社会通念に照らして不可能だと認められること[9]
	例	税理士業務では考えにくいものの、一般的には、代替不能な商品を引渡し前に壊してしまった場合等
不完全履行	意義	不完全な履行をしたこと[10]
	例	申告書は提出したものの、計算を誤っている場合、小規模宅地等の適用を誤っている場合等

　税理士損害賠償責任において問題になるのは、ほとんどの場合は、不完全履行です。そのため、本来的にどのような行為をしなければならなかったのかおよびどのような行為までは行っていて、どのような行為が不足していたのかを慎重に分析する必要があります。

②帰責性

　民法第 415 条第 1 項ただし書は、「ただし、その債務の不履行が契約その他の債務の発生原因及び取引上の社会通念に照らして債務者の責めに帰することができない事由によるものであるときは、この限りでない。」と規定しています。これは、仮に債務不履行の事実が認められたとしても、税理士に当該債務を行わないことに関して責めに帰すべき事由（＝帰責事由）がない場合には、損害賠償責任を負わないことを意味しています。帰責性の有無は、抽象的に判断されるのではなく、依頼者と税理士との間で締結された顧問契約書や委任契約書の定め等から具体的に判断が行われることになります。例えば、不可抗力によって申告期限に遅れて申告書を提出する場合等には、税理士に帰責性がなく、損害賠償責任を負う必要がないということになります。

9　民法第 412 条の 2 第 1 項
10　我妻　栄『新訂　債権総論（民法講義Ⅳ）』（岩波書店、1964 年）99 頁

もっとも、債務不履行の事実が認められている状況においては、税理士に帰責性がないことを主張立証するのは容易ではありません。例えば、税務調査の際に誤りを指摘されて、債務不履行の事実が判明した場合は、税理士の過誤によって当該誤りが発生したことは明らかであることが多いです。また、裁判例において、作業時間が限られていたとしても、法人税にかかる同族会社の留保金課税を非課税とする特例制度の適用の可否につき検討することが除かれていた理由にはならないし、時間が限られてできないというのであれば、そのことを述べるべきであると判示したものがあり[11]、裁判例上も、税理士に帰責性がないことは認められにくいものと考えます。

　このように帰責性がないことを立証するのは困難ではあるものの、帰責性がないことを認める余地を作るためにも、税理士が依頼者に対し見解を述べる際には、新たな判例が出る可能性があるといった留保を付す等の対応を行うことが考えられます。

　なお、次の**（2）**で述べるとおり、帰責性がないことの立証責任は税理士にありますので、税理士損害賠償請求訴訟の際には、税理士が自らに帰責性のないことに関して、より注力して主張立証する必要があります。

③損害の発生およびその金額

　民法第416条第1項は、「債務の不履行に対する損害賠償の請求は、これによって通常生ずべき損害の賠償をさせることをその目的とする。」と規定しており、損害の発生およびその金額についても、損害賠償請求の法律要件の1つとなっています。

　ここにいう「損害」とは、債務不履行によって存在する現在の状態と債務不履行がなければ存在したであろう状態を比較して、その差分を金

11　大阪地判平成20年7月29日（判例時報2051号103頁）

銭評価したものとされています[12]。そのため、基本的には、税理士が過誤を行わなければ発生しなかったであろう損失が損害額として認められるものと考えられます。

　どのような損失が損害として認められるかは、個別的に検討する必要があります。裁判例上、本税が損害となる場合と本税が損害とならない場合の両方の事例が存在し、また、本税部分については損害とせず、加算税部分について損害とした事例が存在します。

④損害の発生と債務不履行との間の因果関係

　債務不履行責任が認められるためには、③の損害と債務不履行の事実との間の因果関係が認められる必要があります。ここでの因果関係とは、「債務不履行がなければ損害が生じなかった」という単なる条件関係を超えて、債務不履行から損害が生じることが社会通念上相当であるという相当因果関係を必要としたものと考えられています。もっとも、③の損害と④の因果関係の判断とは重なるところがあり、実務的には、両者を並行して検討することが多いです。

（2）証明責任

　証明責任とは、民事訴訟において、法令適用の前提として必要な事実について、訴訟上真偽不明の状態が生じたときに、その法令適用にもとづく法律効果が発生しないとされる当事者の負担をいう[13]とされています。要するに、当事者が法律要件の立証に成功せずに、訴訟上真偽不明の状態が生じたときに、いずれの当事者が不利益を被るかということであり、債務不履行責任の証明責任については、依頼者と税理士にそれぞれ次頁の表のとおり、証明責任が分配されています。

12　最判昭和39年1月28日（最高裁判所民事判例集18巻1号136頁）
13　伊藤　眞『民事訴訟法　第7版』（有斐閣、2020年）380頁

債務不履行に基づく損害賠償請求の要件	
依頼者	税理士
①債務不履行の事実 ③損害の発生およびその金額 ④損害の発生と債務不履行との間 　の因果関係	②帰責性がないこと

　例えば、①債務不履行の事実の法律要件については、依頼者に立証責任が課せられていますので、依頼者が債務不履行の事実を立証できなかった場合には、債務不履行の事実が存在しないものとして扱われ、請求が認められません。債務不履行の事実を立証できなかった場合とは、裁判所が債務不履行の事実が存在しなかったと認定した場合だけでなく、両者の主張のどちらも一理あるとして、裁判所が債務不履行の事実の有無が認定できない場合も含まれます。そのため、当事者は、自らが立証責任を負う法律要件については、一応確からしいという程度まで立証を行う必要があります。つまり、税理士の立場からすると、帰責性がないことを一応確からしいという程度まで立証する必要があります。

　なお、自らが証明責任を負わない事実については一切主張をしてはいけないということではなく、相手方が証明責任を負う事実について、積極的に反論を行い、相手方の立証を妨げることができます。例えば、債務不履行の事実について、依頼者の主張（例えば、説明を受けていない等）に対して、税理士が反論（例えば、説明を行った、説明義務の対象ではない等）を行うことができます。実際の税理士損害賠償訴訟においては、税理士の行う主張のうち依頼者の主張への反論がほとんどを占めることが多いものと思われます。

（3）過失相殺

　債務不履行責任に関して、民法第418条は、「債務の不履行又はこれによる損害の発生若しくは拡大に関して債権者に過失があったときは、裁判所は、これを考慮して、損害賠償の責任及びその額を定める」と規定しています。また、不法行為責任に関しても、民法第722条第2項は、「被害者に過失があったときは、裁判所は、これを考慮して、損害賠償の額を定めることができる」と規定しています。

　これらの規定は「過失相殺」と呼ばれており、要するに、損害賠償の額の算定にあたっては、税理士の落ち度だけでなく、依頼者の落ち度も加味し、依頼者に落ち度がある場合は、損害賠償の額の減額を行って、裁判所が妥当な損害賠償の額を認定することを意味しています。例えば、依頼者からの必要書類の提出が遅れた場合や、税理士が依頼者に対して質問を行ったのに回答が得られなかったため、適切な手続を実施することができなかった場合には、裁判所の判断で損害賠償の額が減額されます。

　過失相殺については、税理士側に証明責任が課せられるため、依頼者の書面提出が遅れたこと等の過失相殺の基礎となる事実を税理士が積極的に主張立証する必要があります。

（4）委任契約上の損害賠償額の上限

　税理士が、顧問契約や業務委託契約において、税理士が損害賠償責任を負う場合に支払う損害賠償の額の上限を設ける場合があります。例えば、「損害賠償の額はすでに支払済の報酬額を上限とする。」等の規定です。このような条項を含んだ契約を締結することで、損害賠償の額の上限を定めることができ、このような条項があるということを主張することで、損害賠償の額を減額することも考えられます。しかし、税理士に

故意や重過失が認められる場合には、このような条項が無効とされる可能性もあります。

（5）消滅時効

①消滅時効の意義

債権は、一定の期間行使しない場合には時効によって消滅するとされています。

債務不履行に基づく損害賠償請求権は、（a）債権者（依頼者）が権利を行使することができることを知った時から5年間行使しないとき、（b）権利を行使することができる時から10年間行使しないときに消滅するとされています（民法第166条第1項）。

一方で、不法行為に基づく損害賠償請求権は、（c）被害者（依頼者）が損害および加害者を知った時から3年間行使しないとき、（d）不法行為の時から20年間行使しないときに消滅するとされています（民法第724条）。

なお、時効によって損害賠償請求権を消滅させるには、時効を援用する必要があります（民法第145条）。そのため、例えば5年より前の債務不履行に基づく損害賠償請求がなされた場合は、税理士としては、損害賠償請求権が時効により消滅していると明示的に主張する必要があります。

②債務不履行に基づく損害賠償請求権の消滅時効の起算点

消滅時効の起算点がどの時点になるか、すなわち、いつの時点から消滅時効の計算が始まるのかについては、（1）で述べた債務不履行の種類によって異なります。履行遅滞による損害賠償請求の場合は、期限の定めのある場合は期限が到来した日が消滅時効の起算点とされています。そのため、例えば、申告の遅滞が問題とされる場合は、申告期限が

起算点となります。一方で、不完全履行による損害賠償請求の場合は、損害賠償請求権を行使することができた時点が起算点になります。

③不法行為に基づく損害賠償請求権の消滅時効の起算点

不法行為に基づく損害賠償請求権の短期消滅時効（上記①の（c））の場合は、被害者（依頼者）が損害および加害者を知った時が消滅時効の起算点となります。

「加害者を知った時」について、税理士が使用しているスタッフの不法行為を原因として税理士に損害賠償請求をする場合は、「被害者らにおいて、使用者ならびに使用者と不法行為者との間に使用関係がある事実に加えて、一般人が当該不法行為が使用者の事業の執行につきなされたものであると判断するに足りる事実をも認識すること」をいうと判断した判例[14]があります。これらの事実は、依頼者がスタッフについて当然に認識していることが多いため、結局、依頼者が損害を知った時点が起算点となるものと思われます。

（6）スタッフ等の職員の過誤に対する税理士の責任

税理士事務所や税理士法人において、スタッフ等の職員が確定申告書類等の作成の補助を行うことがあり、当該補助者の過誤により債務不履行や不法行為が生じた場合には、当該補助者を使用していた税理士や税理士法人に損害賠償責任が認められる場合があります。

まず、職員の過誤を原因として税理士や税理士法人に債務不履行責任が認められる場合としては、第3章5の裁判例のようなケースが考えられます。この事例では、税理士事務所の職員が十分な説明義務を果たさなかったことを理由として、当該職員を使用していた税理士に債務不履

14　最判昭和44年11月27日（最高裁判所民事判例集23巻11号2265頁）

行に基づく損害賠償責任を認めました。これは、いわゆる履行補助者の法理に基づく裁判例と考えられます。すなわち、履行補助者の法理とは、形式的に見れば職員は税理士本人ではないので、スタッフの過誤は税理士と関係がないように思えるものの、当該税理士は自らが負う説明義務という債務の履行を、職員という履行補助者を用いて行ったのだから、当該税理士も履行補助者である職員の過誤に対して責任を負う場合があるという考え方に基づくものです。この事例においては、職員の債務不履行がそのまま税理士の債務不履行と同視されていますので、基本的に、職員の債務不履行については税理士も責任を負うおそれがあると考える必要があります。

　次に、職員の過誤を原因として税理士が責任を負う場合として、使用者責任（民法第715条第1項）があります。使用者責任の要件は、①被用者（職員）と使用者である税理士や税理士法人に使用関係があること、②事業の執行について行われた行為であること、③被用者の行為について不法行為が成立すること、④使用者である税理士や税理士法人が被用者の選任監督について相当の注意をしなかったことです。

　①の使用関係については、当該職員等の被用者と雇用契約を締結していることが典型的ではあるものの、当該被用者が実質的に使用者の指揮命令下にあれば足りるとされているため[15]、当該職員が税理士事務所や税理士法人において職員として業務を補助している場合には認められることも多いと考えられます。②の事業の執行については、判例上、かなり広範に解されているため[16]、申告業務等の税理士の業務を補助している際の行為については、事業の執行に該当するものと考えられます。③の被用者の行為について不法行為が成立することについては、被用者の

15　大判大正6年2月22日（大審院民事判決録23集212頁）

16　最判昭和39年2月4日（最高裁判所民事判例集18巻2号252頁）

説明不足等の過誤が不法行為に該当する必要があることを意味しています。④の使用者である税理士や税理士法人が被用者の選任監督について相当の注意をしなかったことについては、税理士が「被用者の選任監督について相当の注意をしたこと」を主張立証する必要があります。もっとも、④を理由に使用者責任を認めなかった事案はかなり少なく、税理士が「被用者の選任監督について相当の注意をしたこと」の主張立証に成功するのは難しいことが多いです。

　職員の過誤によって税理士が損害賠償責任を負う場合、理論的には、当該税理士が、職員に対して自身が負担した賠償金にかかる損害賠償請求（求償権の行使）をすることができます（民法第 715 条第 3 項）。しかし、判例上、使用者が負担した損害賠償の金額を全面的に被用者に対して求償することはできず、損害の公平な分担という見地から信義則上相当と認められる限度において求償ができるに留まると考えられています[17]。すなわち、職員の過誤によって、税理士や税理士法人が損害賠償請求を受けたとしても、職員に全面的に求償をすることができる場合は多くはなく、税理士や税理士法人自身が大部分の損害賠償責任を負うことが多いといえます。

---

17 最判昭和 51 年 7 月 8 日（最高裁判所民事判例集 30 巻 7 号 689 頁）

第 **3** 章

主要・重要裁判例

【相続税】相続税の申告に関して一定の場合に税理士に国籍法の規定を確認する義務を認めた事例（東京地裁平成 26 年 2 月 13 日判決（判例タイムズ 1420 号 335 頁））

> 租税に関する法令以外の法令についても確認することが求められる場合があります。

（1）事案の概要

　本件は、原告（X1、X2、X3）らが税理士である被告（Y1、Y2、Y3）らによる相続に関する助言、相続税の申告等に過誤があったことによって損害を被ったと主張して、被告らに対して不法行為または債務不履行に基づく損害賠償請求を行った事案であり、事案の概要は以下のとおりです。

①当事者等

　X1 は、被相続人 A の長男であり、X2 は A の次男である。

　A の法定相続人は、X1、X2 および A の配偶者 B の計 3 名（以下、「相続人ら」という）である。

　X1 は平成 13 年 6 月 20 日、アメリカ合衆国に帰化して、同国の国籍を取得したため、同日に日本国籍を失っており（国籍法第 11 条第 1 項）、平成 20 年 3 月 5 日当時、アメリカ合衆国に住所を有していた。

　Y1 は a 会計事務所を経営する公認会計士兼税理士である。

　Y2 は、Y1 の息子であり、同事務所に所属する公認会計士兼税理士であり、Y3 は同事務所に所属する税理士である。

②税務申告等の経緯

　A は平成 20 年 3 月 5 日に死亡し、相続が開始した（以下、「本件相続」

という）。

　相続人らは、a 会計事務所に対し、本件相続に係る相続税の申告の代理を依頼し、Y1 のみが受任した。

　Y3 は、平成 20 年 8 月から 9 月頃、X1 が長期間アメリカで生活していることから、帰化して日本国籍を喪失しているのではないかと考え、X1 に確認したところ、自分は二重国籍である旨の回答を受けた。

　Y1 は、平成 20 年 12 月 15 日、相続人らを代理して、相続税の申告を行った（以下、「本件申告」という）。

　国税庁は、平成 23 年 1 月 25 日以降、本件相続に関して税務調査を行った。X1 は、国税調査官に対し、「自分はアメリカ国籍を取得しているが、日本国籍は喪失しておらず、日本のパスポートを現在も取れる。」と述べたところ、その後国税庁の担当者から、X1 は日本国籍を喪失しているために制限納税義務者（後述）に該当する旨の指摘を受けた。

　指摘を受け、Y1 は X1 および X2 を代理して、相続税の修正申告を行ったが、その後に X1 は、延滞税 328 万 7,400 円および過少申告加算税 731 万円が課され、X2 は、延滞税 19 万 8,300 円および過少申告加算税 44 万 1,000 円が課された。

③債務控除の過誤

　X1 は、日本国籍を有せず、かつ、被相続人の死亡時に日本国内に住所を有しなかったため、制限納税義務者（相続税法（平成 25 年法律第 5 号による改正前のもの。以下同じ）第 1 条の 3 第 3 号）に該当し、相続債務については、一定の例外を除き、相続により承継したとしても、相続税法上債務控除することができなかった（相続税法第 13 条第 2 項）。

　その結果、本来であれば相続債務は 3,623 万 3,360 円しか債務控除の対象とならないにもかかわらず、本件申告では 15 億 6,397 万 1,207 円を X1 の債務控除の対象として申告し、15 億 2,773 万 7,847 円の過大な

債務控除を行った。

　④その他

　以下で詳述する主たる争点との関連性が薄いため詳細は割愛するものの、本裁判例では、上記債務控除の過誤とは別に、不動産評価の過誤および株式評価の過誤も存在した。

（2）争点

　本裁判例では、①被告らの債務不履行および不法行為責任の有無および②これらの行為と因果関係のある損害の範囲が争点となりました。このうち、債務控除の過誤を含む本件申告をしたことが①における債務不履行および不法行為を構成するかが、税理士が依頼者に対して負う善管注意義務の範囲とも関連して主たる争点となりました。

（3）裁判所の判断

　裁判所は、上記の主たる争点について、以下のとおり判断した上で、X1 の請求を一部認容し、Y1 に対しては、1,059 万 7,400 円（延滞税および過少申告加算税の税額に相当）およびこれに対する遅延損害金の限度で、Y3 に対しては 1,164 万 7,400 円（左記税額および相当因果関係の認められる弁護士費用の合計額に相当）およびこれに対する遅延損害金の限度で請求を認容しました。また、同様に、X2 の請求を一部認容し、Y1 に対しては 63 万 9,000 円（延滞税および過少申告加算税の税額に相当）およびこれに対する遅延損害金の限度で、Y3 に対しては 69 万 9,300 円（左記税額および相当因果関係の認められる弁護士費用の合計額に相当）およびこれに対する遅延損害金の限度で請求を認容しました。

①税理士の負う注意義務について

税理士は、依頼者との間で、税の申告や納税の指導・助言をするなどの目的で締結する委任契約または準委任契約における善管注意義務を負い（民法第644条）、法令の範囲内で依頼者の利益の最大化を考えて業務を遂行すべき義務を負い、それは社会的使命に照らし一般的に要求されるよりも高度の注意義務が要求され、しかも納税者との契約関係を前提としない不法行為の成否の判断においても、税理士には債務不履行の場合と同様高度の注意義務が要求されることに触れつつ、以下のとおり当該義務について具体化した。

「具体的には、依頼者が述べた事実や提示された資料から判明する事実に基づいて業務を遂行すれば足りるものではなく、課税要件等に関係する制度の確認を含む事実関係の究明をすべき義務を負うところ、課税対象財産及び債務控除の対象となる相続債務の範囲を確定するためには相続人が制限納税義務者であるか否かを確定することが必要であるから、税理士が、一般人であれば相続人が日本国籍を有しない制限納税義務者であるとの疑いを持つに足りる事実を認識した場合には、日本国籍の取得及び喪失の要件を定めた国籍法の規定を確認するなどして、当該相続人が制限納税義務者であるか否かを判別するために必要な事実関係の究明をすべき義務を負うものと解するのが相当である。」

そして、被告が主張する、仮に上記調査義務を負うとしても、被告Y3が交付されたX1の戸籍謄本には日本国籍喪失の記載はなかったことを確認し、Y3は国税庁のホームページを調査して二重国籍者も無制限納税義務者に該当することを確認したことから、被告らは調査義務を尽くしており、本件債務控除の過誤に関して債務不履行または注意義務違反はないとの主張については、「確かに、税理士は、税務に関する専門家であるから、一般的には租税に関する法令以外の法令について調査すべき義務を負うものではない」と前置きしつつも、「日本国籍喪失の

要件については国籍法に規定されているのであるから、日本国籍を有するか否かについて判断するためには国籍法を確認することが不可欠であり、国籍法の規定を確認しなかったことは、税理士としての義務に反するといわざるを得ない。」とし、被告の主張するいずれの事情を踏まえても税理士としての義務が果たされたものとはいえないとして斥け、義務違反の存在を肯定した。

②債務不履行責任および不法行為責任について

Y1 は、本件申告手続の受任者として、本件申告手続の履行について、Y3 を履行補助者としていると解することができ、同被告に上記の注意義務違反が認められることから、債務不履行責任を負うが、Y1 は、X1 がアメリカ合衆国の国籍を取得していると認識していたことを認めるに足りる証拠がないことからすれば、過失が認められず不法行為責任を負わないものとした。

また、Y3 は本件申告に係る事務担当者として、X1、X2 との間で契約関係はないものの、税理士としての注意義務に違反したことにより過失を肯定することができ、不法行為責任を負うものとした。

一方で、Y2 は、X1、X2 との間で契約関係がなく、また、X1 がアメリカ合衆国の国籍を取得していると認識したことを認めるに足りる証拠がないことなどからすれば、注意義務違反が認められず、不法行為責任を負わないものとした。

（4）解説

本裁判例は、依頼者との関係で税理士の果たす義務として、相続税法上の制限納税義務者の要件充足性の判断にあたり、一定の場合において国籍法の規定を確認することの注意義務を認めたものです。

税理士が税務に関する専門家であることから、一般的には租税に関す

る法令以外の法令について調査すべき義務を負うものではないと留保し
つつも、日本国籍を有しないことが相続税法上の制限納税義務者の要件
として規定されている以上は、一般人であれば相続人が日本国籍を有し
ない制限納税義務者であるとの疑いを持つに足りる事実を認識した場合
には、当該相続人が日本国籍を有するか否かについて確認すべき義務を
負うと判示しています。

　具体的にどのような場合にどの程度の範囲の租税に関する法令以外の
法令を調査する義務があるのかについては明確な基準は示されていませ
んが、本件で税理士が確認すべきとされた国籍法第 11 条第 1 項の規定
が「日本国民は、自己の志望によつて外国の国籍を取得したときは、日
本の国籍を失う。」という簡潔な記載であり、条文の解釈が複雑なもの
ではなく、当該条文の文言を確認しさえすれば、国籍喪失がいかなる場
面で発生するのかを容易に把握することができたと考えられることも税
理士の義務違反を肯定する結論につながったと思われます。

　現に、本裁判例では、税理士による法令の解釈適用の誤りを義務違反
とするものではないと明確に判示されており、税理士が国籍法第 11 条
第 1 項の規定を確認しなかったことそれ自体が税理士としての義務に違
反するものと認定されています。

　依頼者の認識・発言や戸籍謄本の記載を鵜呑みにはせず、可能な限り
租税に関する法令以外の法令についても自らの目で確認していく地道な
姿勢が、思わぬミスを防止するために重要であると考えられます。

【法人税】デッド・エクイティ・スワップ（DES）に関する、損害賠償額が非常に高額となった事例（東京高裁令和元年8月21日判決（金融・商事判例1583号8頁））

> 損害賠償額が高額となる場合もあります。損害賠償責任を負わないように税法の取扱いを正確に理解し、また、依頼者への説明は口頭ではなく書面を提示して行いましょう。

（1）事案の概要

本件は、不動産の賃貸および管理等を目的とする株式会社であるXが、顧問税理士法人であったYに対し、税務顧問契約の債務不履行または不法行為に基づく損害賠償請求を行った事案であり、事案の概要は以下のとおりです。

① XY間の税務顧問契約の締結

平成20年2月1日、Xは、Yとの間で、YがXの法人税確定申告業務および税務相談等を含む税理士業務ならびに記帳代行業務等の付随業務を行うことを内容とする税務顧問契約を締結し、平成24年4月までの毎年度、Yに対し、法人税、消費税および地方税の確定申告手続を委任した。

② AのXに対する金銭債権

平成22年4月末の時点で、当時Xの代表取締役であったAは、Xに対し、9億9,000万円の金銭債権（以下、「本件債権」といい、Xからみたその債務を「本件債務」という）を有していた。

③ A の Y に対する相談

平成 23 年 6 月頃、A は、Y に対し、本件債権に係る相続税対策について相談し、Y は、A に対し、以下の（ⅰ）および（ⅱ）の方法を提案しました。

（ⅰ）清算方式

　X が所有する建物等を現物出資して新会社を設立し、新会社の株式を本件債務の一部に対する代物弁済に充てた上で、本件債務の残部については、X が解散した後に債務免除を行い、X の清算を行う方法。

（ⅱ）デッド・エクイティ・スワップ（以下、「DES」という）方式

　A の X に対する本件債権を X に現物出資して、A に対して X の株式の割当てを行う方法。

④ DES の実行

X および A は、Y の上記提案のうち DES 方式を採用することとし、平成 23 年 8 月 9 日、本件債権を A が X に現物出資し、X はこれを額面額で受け入れて株式を発行する旨の DES を実行した（以下、「本件DES」という）。

⑤ A の死亡

平成 23 年 11 月 28 日、A が死亡し、B が相続した。

⑥法人税の確定申告等

平成 24 年 6 月 29 日、Y は、X の税務代理人として、平成 23 年 5 月 1 日から平成 24 年 4 月 30 日までの事業年度に係る X の法人税および地方税の確定申告書を作成し、所轄税務署長および所轄都税事務所長に提出した（以下、「本件確定申告」という）。

　なお、Y は、本件確定申告について、DES はなかったという前提で

法人税等の申告をするという方針を示し、そのような扱いが可能であるか疑問に思ったBが再考を促しても当該方針を変えずに、本件確定申告を行った。

⑦法人税の修正申告等

Bは、税理士法人ZにAの相続に係る相続税申告を委任し、Zの助言の下、本件DESにより本件債権は消滅したことを前提とする相続税申告を行うこととした。

Xはこれを踏まえ、法人税等についても、本件DESに係る債務消滅益の発生を前提とする修正申告を行うこととし、平成24年11月19日、当初確定申告に係る法人税等の税額との差額約2億9,000万円を納付し、同月20日、Zの作成に係る法人税等の修正申告書を所轄税務署長および所轄都税事務所長に提出した（以下、「本件修正申告」という）。

Xは、同月29日、Zに対し、本件修正申告に係る税理士報酬約40万円を支払い、同年12月27日、本件修正申告に伴う延滞税（法人税）約310万円および延滞金（地方税）約170万円を納付した。

（2）争点

本裁判例では、①Yの本件DESに係る助言指導義務違反および説明義務違反の有無ならびに②Yの本件確定申告に係る義務違反の有無が主たる争点となりました。

（3）裁判所の判断

裁判所は、上記争点について、以下のとおり判断した上で、Xの請求を認容し約3億3,000万円およびこれに対する遅延損害金の支払を命じました。

①前提事項

　まず、仮に、Ｘが、本件 DES を実行した時期と同じ時期に清算方式を採用し、これを実行していた場合には、債務消滅益に対する法人税および本件債権に関する相続税のいずれについても、課税が生じることはなかった（法人税法第 59 条 3 項、法人税法施行令第 118 条）。

　また、平成 18 年度税制改正により、法人が債権の現物出資（適格現物出資を除く）を受けた場合の税務上の取扱いは債権の券面額ではなく時価によるものとされ（法人税法第 2 条第 16 号、法人税法施行令第 8 条第 1 項第 1 号）、現物出資する債権の券面額と時価の差額は債務消滅益として認識する必要があるものとされた。

　そして、現物出資型の DES において、債務者に債務消滅益が発生するリスクがあるということは、平成 18 年度税制改正以降、税務の常識に属する事項となっており、DES に関する基本的な文献等でも、現物出資型 DES のデメリットとして、この課税問題を第一に挙げるのが通例となっていた。

　本件においても、本件 DES により Ａが Ｘ に本件債権を現物出資し、Ｘがこれを券面額で受け入れ、本件債権の時価が券面額を下回るものと評価された場合、Ｘに債務消滅益が生じ、Ｘに法人税が課税されることとなる。

②争点①（Ｙ の本件 DES に係る助言指導義務違反および説明義務違反の有無について）

　Ｙが税務の専門家として Ｘ と税務顧問契約を締結していたことを踏まえて考えれば、Ｙは、Ｘに対し、Ｘの顧問税理士として、租税関係法令に適合した範囲内で、Ｘにとって課税上最も有利となる方法を検討して、その方法を採用するように助言指導する義務を負っているのであり、また、DES 方式を提案するにあたり、本件 DES により生じ得る課税リ

スク、具体的には、本件 DES に伴い発生することが見込まれる債務消滅益課税について、課税される可能性、予想される課税額等を含めた具体的な説明をし、法人税および相続税の課税負担を少なくし、より節税の効果が得られる清算方式を採用するよう助言指導する義務があったというべきである。

なお、DES 方式の提案がされるに至ったそもそもの発端は、A の相続を想定した相続税対策にあり、その依頼の直接的な主体は X ではなく、A および B であったと解される。しかし、DES が、債務者法人による現物出資の受入れ、募集株式の発行等を伴うものである以上、Y による DES 方式の提案は、債務者法人たる X に対する提案という意味も持つというべきである。

もっとも、Y は、本件 DES に係る債務消滅益と欠損金との相殺の可否について、誤った認識に基づく独自の見解を有していたため、債務消滅益に対する課税を看過または軽視し、本件 DES に伴う債務消滅益に対する課税の問題について、X に対して、全くまたはほとんど説明をしなかった上、清算方式について助言指導を行うことなく、本件 DES を採用することを勧めたものと認められる。

よって、Y は、清算方式を採用するように助言指導する義務を怠り、本件 DES に係る債務消滅益課税のリスクについての説明義務を怠ったことが明らかであり、Y は、この点について債務不履行責任および不法行為責任を免れない。

③争点②（Y の本件確定申告に係る義務違反の有無について）

Y は、DES 方式が X の法人税等と A の相続に係る相続税の双方にとってメリットがあるとして自ら提案しこれを採用させたという従前の経緯を覆し、DES はなかったという前提で法人税等の申告をするという方針を示し、そのような扱いが可能であるか疑問に思った B が再考を促

しても当該方針を変えずに、本件確定申告を行ったものである。

　当該方針がそれ自体支離滅裂であることに加え、Xの登記上、本件DESに係る増資と減資の事実が厳然と公示されている中で、本件DESがなかったという虚偽の事実を押し通して債務消滅益に係る法人税を免れようとする本件確定申告の考え方は、税理士としての基本的な責務を逸脱した違法なものというべきである。

　よって、Yは、DESはなかったものとする事実と異なる本件確定申告を行ったことにつき、債務不履行および不法行為責任を免れない。

（4）解説

　本裁判例は、税理士の助言指導義務違反、説明義務違反および確定申告に係る善管注意義務違反を認めたものです。

　第2章3で述べたとおり、税理士は、顧客に対して、専門職業人としての標準的な税理士が通常用いるであろう注意の程度を尽くして業務を行う義務（高度の注意義務）を負っています（民法第644条）。この高度の善管注意義務の内容には、虚偽の事実を前提に確定申告を行わない注意義務（争点②）が含まれることはもちろん、最新の法改正に対応した正確かつ丁寧な助言指導および説明をする義務（争点①）も含まれます。

　本裁判例では、助言指導義務および説明義務の具体的内容として、租税関係法令に適合した範囲内で、顧客にとって課税上最も有利となる方法を検討して、当該方法を採用するように助言指導する義務を税理士は負っており、また、当該方法を提案するにあたっては、当該方法により生じ得る課税リスクについて、課税される可能性、予想される課税額等を含めた具体的な説明をする義務があると判示されています。

　本事案は、税理士がDESに係る法改正を適切に理解していなかったのではないかと疑われるような事案ですが、DESに係る事案に限らず、

税理士は、顧客の税務相談に対して、上記の助言指導義務および説明義務の具体的内容を満たすような正確かつ丁寧な説明をして対応する必要があります。

　また、顧客に説明をする際には、万が一訴訟に発展した際に、口頭での説明のみでは、説明もしていなかったと裁判所に推認されてしまうおそれもあるため、書面を作成し、顧客に提示した上で、説明することが重要であると考えられます。

3　【消費税】税務調査に協力しない対応をとった事例
（千葉地裁令和 3 年 12 月 24 日判決（T&A master951 号 13 頁））

> 解釈上異論があり得る場合には十分に当局に確認するなど万全を期
> すこと、また、仮に解釈・運用を誤った場合のリスクを十分に顧客
> に説明することが重要です。

（1）事案の概要

　本件は、遊技場を経営する会社である X が、平成 26 年 2 月から平成
27 年 6 月までの間に行われた国税局の職員による法人税の調査（以下、
「本件調査」といいます）において帳簿および請求書等（以下、「帳簿等」
といいます）を提示しなかったため、今治税務署長から、平成 27 年 6
月 8 日付けで、帳簿等を保存しない場合に当たることを理由として消費
税法（平成 27 年法律第 9 号による改正前のもの。以下同じです。）第
30 条第 1 項の規定による仕入に係る消費税額の控除（以下、「仕入税額
控除」といいます）を否認する消費税および地方消費税（以下、併せて
単に「消費税」といいます）の更正および過少申告加算税の賦課決定を
受けたことについて、X から税務代理を受任し本件調査に対応していた
Y に善管注意義務違反、指導助言義務違反および忠実義務違反があった
として、Y に対し、不法行為の規定による損害賠償または税務代理委任
契約上の債務不履行による損害賠償として、上記更正等による増額等に
係る消費税および過少申告加算税に相当する 38 億 2,539 万 3,900 円の
一部である 3 億円と弁護士費用 2,000 万円との合計 3 億 2,000 万円なら
びにこれに対する遅延損害金の支払を求めた事案です。

　本件の具体的な事実経過は、以下のとおりです。

①Yは、税理士および公認会計士の資格を有する者であって、平成4年頃から、Xとの間において、税務顧問契約を締結しており、Xの税務書類の作成や税務代理の事務を行っていた。

②Xは、平成24年6月期、平成25年6月期および平成26年6月期（以下、「本件各期」という）の各期分の法人税、消費税等について、それぞれ期限までに確定申告をしていた。

③Xは、平成26年10月1日付けで千葉県茂原市から愛媛県今治市に異動し、平成29年10月3日付けで同所から千葉県市原市に異動した。本件調査の当時は、愛媛県今治市には、Xの事務所（以下、「X事務センター」という）があって、千葉県市原市には、Xの店舗があった（以下、「X駅前店舗」という）。

④Xは、A1、A2およびA3との間で、平成26年2月4日以降、税務調査に関する税務代理委任契約を締結し、平成26年10月1日以降、弁護士のB1、B2およびB3とも税務代理契約を締結した。

⑤東京国税局の本件調査の担当者（以下、「東京担当者」という）は、平成26年2月4日、国税通則法第74条の9第1項（平成27年法律第9号による改正前のもの。以下同じ）の規定による事前通知を行うことなく、X事務センターおよびX駅前店舗に臨場したところ、東京担当者は、Xの連絡を受けたYから、事前通知を要しない理由を説明することができない調査は違法であるなどとして退去を求められ、X事務センターおよびX駅前店舗から退去した。

⑥ X が平成 26 年 10 月 1 日付けで本店所在地を異動したことにより、
高松国税局の本件調査の担当者（以下「高松担当者」といい、東京
担当者と併せて「本件担当者」という）が本件調査を引き継いで行
うこととなった。高松担当者は、平成 27 年 5 月 19 日、本件調査を
終了したが、X は、本件調査において、東京国税局および高松国税
局からの帳簿等の提示の求めに応じなかった。

⑦ 今治税務署長は、平成 27 年 6 月 8 日付けで、X に対し、本件各期の
消費税の更正（以下、併せて「本件各更正」という）および過少申告
加算税の賦課決定（以下「本件各賦課決定」といい、本件各更正と併
せて「本件各更正等」という）をした。また、X に対し、平成 23 年
6 月期の消費税について更正決定等をすべきと認められない旨の通知
をするとともに、平成 23 年 6 月期以後について、高松担当者の再三
にわたる帳簿等の提示の求めに帳簿等を提示しなかったこと、帳簿等
を提示することができない特段の事情も認められないことから、青色
申告に係る帳簿等の備付け、記録または保存が法人税法に定めるとこ
ろに従って行われていないことを理由として、青色申告承認取消処分
をした。

⑧ X は、平成 27 年 8 月 31 日付け「業務委託契約の解除通知の件」と
題する書面により、Y との税務顧問契約を解除した。

⑨ X は、本件各更正等を不服として、平成 27 年 11 月 4 日、国税不服
審判所長に対し、本件各更正等についての審査請求をしたが、国税
不服審判所長は、平成 28 年 10 月 21 日付けで、X の審査請求を棄却
する裁決をした。その上で、X は、平成 29 年 4 月 26 日、東京地方
裁判所に対し、①本件は消費税法第 30 条第 7 項に規定する帳簿等を

保存しない場合に当たらない、②本件各更正には理由提示違反等の違法がある、③過少申告がされたことについて国税通則法第65条第4項の正当な理由があるとして、本件各更正のうち更正前の金額を超える部分の取消および本件各賦課決定の取消を求める訴えを提起した（東京地方裁判所平成29年（行ウ）179号消費税更正処分等取消請求事件。以下、「別件訴訟」という）。東京地方裁判所は、令和元年11月21日、別件訴訟について、原告の請求をいずれも棄却する判決を言い渡した。その後、Xは控訴、上告を行ったが、最高裁判所は、令和3年2月12日、上告棄却兼不受理決定をしたことによって、Xの請求棄却が確定した。

⑩ Xは、平成30年5月3日、本件各更正等を受けたことについて、Xから税務代理を受任し本件調査に対応していたYに対し、不法行為の規定による損害賠償または税務代理委任契約上の債務不履行による損害賠償として、上記更正等による増額等に係る消費税および過少申告加算税に相当する38億2,539万3,900円の一部である3億円と弁護士費用2,000万円との合計3億2,000万円ならびにこれに対する遅延損害金の支払を求める損害賠償請求訴訟を提起した。

（2）争点

　本件の争点は、①Yの善管注意義務違反、指導助言義務違反および忠実義務違反の有無と②Xの損害額です。

（3）裁判所の判断

　前記争点について以下のとおり判断し、原告の請求を認容しました。

　①争点①について

　「他人から税務代理を受任した税理士は、委任の本旨に従い、善良な管理者の注意をもって、当該委任に係る税務代理に関する事務を処理する義務を負う（民法第644条）ところ、Yが、Xとの間において税務顧問契約を締結し、Xの税務代理人として各期の法人税、消費税等の確定申告をしてきたものであり、東京国税局により本件調査が開始されたことを受けて、Xとの間において税務代理委任契約を締結した」ことから、Xから「全ての国税に関わる税務代理を全般的に受任した税理士である」ところ、「税務に関する専門家として、独立した公正な立場（税理士法第1条）でありつつも、全ての国税に関わる原告の正当な利益を実現し又は保持するため、善良な管理者の注意をもって、当該委任に係る税務代理に関する事務を処理する義務を負っていた」。Yは、「本件調査に対する対応を行うに当たり、税務に関する専門家として、独立した公正な立場において、税法の解釈に関する自らの見識を有しつつも、適時に、Xに対し、本件調査の状況と見通しを客観的かつ真摯に説明し、Xから、本件調査に対する対応の方針について、十分に知識、情報を与えられた上での指示ないし同意を得た上、Xが、本来受けることができた青色申告の承認を受けることによる税法上の特典を受けることができなくなることや、本来受けることができた消費税の仕入税額控除を否認されることがないよう、細心の注意をもって、適切に対応を行う義務を負っていたというべきである」。

　これにもかかわらずYは、「Xの本店所在地を異動することを決定する、高松国税局に対して今治税務署の調査であれば税務調査に応ずる旨

55

の文書を提出することを決定するなどの弥縫策をとったのみで、本件調査がXに対する事前通知を行うことなく開始されたことの違法を主張して本件調査に応ずることを拒否するというそれまでの方針を維持することの可否について、課税当局の対応見込みを踏まえてXと真摯に検討することがないまま、最後まで、本件調査がXに対する事前通知を行うことなく開始されたことの違法を主張して本件調査に応ずることを拒否するという自らが立てた方針に拘泥し、その方針に基づいた対応をとった」ことにより、Xは「帳簿書類を提示し税務調査に応ずる機会を失い、本件各更正等を受けるに至ったと認めることができる」と判断し、Yの義務違反を認めた。

②争点②について

「本件各更正等に重大かつ明白な瑕疵があると認めることはできず、本件各更正等が当然に無効であるということはできないから、本件各更正等は、それが権限を有する行政庁の職権又は裁判所の取消判決により取り消されない限り、なんぴともその効力を否定することができないのであり、Xには、本件各更正等を受けたことによって、上記損害が生じたと認めることができる。」。Yは、「Xがパチンコ事業の会計処理をグロス方式により行っていることを指摘し、Xの仕入には課税取引とならないものが含まれているのであり、本件各更正等により課された税額の全てがYに帰責されるべき損害でないと主張するが、」「グロス方式はパチンコ事業の会計処理の方式として一般的に認められているものであると認めることができるのであり、Xは、本件各更正等を受けることがなかりせば、本件各期についてグロス方式による会計処理に基づく税額を納付することとなっていたのであるから、Xがパチンコ事業の会計処理をグロス方式により行っていることは、本件各更正等を受けたことによってXに上記損害が生じたと認めることを妨げない」と判断した。

　なお、これに加えて、「本件各更正において仕入税額控除が否認されたことにより、本件各期における法人税、都道府県民税、市町村税、事業税、地方法人特別税並びに平成 25 年 6 月期及び平成 26 年 6 月期における復興特別法人税について生じた還付金」ならびにその「還付金について生じている還付加算金」を損益相殺の対象とし、「Y の義務違反行為と相当因果関係のある弁護士費用として 2,000 万円を損害として認め」た。

（4）解説

　本裁判例は、事前通知のない税務調査において、当該調査が違法であるとして、帳簿書類の提出を拒否した場合に、青色申告の承認の取消が行われ、かつ、本件各更正が行われているところ、その原因となった行動を主導した税理士に対し、当該課税処分を受けた顧客が損害賠償請求を行った事案です。

　本裁判例における重要な点は、税理士の善管注意義務違反の態様として、税法上の解釈が一義的でない問題に関して、当該税理士の判断のみで進めてしまうと、納税者に損害を与え、損害賠償責任を負い得る、という点です。

　基本的に、税理士に対する損害賠償請求の法的根拠および構成は、税理士との間の契約に係る債務不履行に基づく損害賠償（民法第 415 条）または税理士の行為が納税者への不当な権利侵害に当たるものとする不法行為に基づく損害賠償（民法第 709 条）のいずれかとなると考えられます。

　本裁判例は、前者の債務不履行に基づく損害賠償請求を認めているものですが、一方で、Y の行為には、複数の義務違反があったとされています。

　税理士においては、税理士法第 1 条の「税務に関する専門家として、

独立した公正な立場において、申告納税制度の理念にそって、納税義務者の信頼にこたえ、租税に関する法令に規定された納税義務の適正な実現を図る」義務を負っています。これにより、税理士は、税務に関する知識に精通し、正しく納税者のために法令を理解・運用の上、申告などを行う必要があります。

また、税理士が顧客と締結する顧問契約等は、基本的には民法上の委任関係にあるものと整理することができます。これに加え、善管注意義務（民法第644条）、報告義務（民法第645条）、受取物引渡義務が課されることになります。そして、税理士は、依頼者に対し、以下の3つの義務を負うとされています[18, 19]。

（ⅰ）忠実義務

依頼者との合意内容を忠実に履行する義務

（ⅱ）善管注意義務

善良なる専門家として尽くすべき義務をいい、専門家である場合には、より高度な、法令等に精通した判断等を行う義務

（ⅲ）説明・助言義務

依頼者に対して有効な情報提供を行った上で、判断について助言する義務

本件では、Yが、Xへの本件担当者からの事前通知のない税務調査に対して事前通知のない税務調査は違法である旨主張し、帳簿書類等の提示をしなかったことを主導しています。これを原因として、Xは、本件各更正処分等を受けた上、青色申告承認の取消処分も受けています。

ここで重要なのは、Yがどのような状況下でXの行為について判断したのか、そして、その判断に際して、Xの被る不利益を予見し、その

18 内田久美子・堀　招子 編『判例から学ぶ　税理士損害賠償責任（相続税編）』（大蔵財務協会、2016年）

19 T&A master951 号 21 頁

リスクを X にどのように説明したのか、という点です。

　従前の裁判例との関係からすれば、税務調査の際に帳簿書類等を提示しなければ納税者に不利益が生じ得るものであることは税理士であれば認識できたはずですが、他方で、平成 23 年度の国税通則法の改正を通じて解釈に変更があった（事前通知が原則として必要になった）と解釈することも可能である状況にありました。そのような理由から、Y の解釈は、専門家としての判断としてあり得るものではありますが、やはりここでは、税理士としての義務に従って、逆の解釈を取られ得ること、仮に解釈・運用を誤った場合には青色申告承認の取消や、本件各更正処分等を受ける可能性があることを十分に顧客に伝えるべきであったといえます。

　本裁判例から学ぶべき点は、専門家としての判断の慎重さはもちろんのこと、解釈上異論があり得る場合には十分に当局に確認することや、多くの文献・裁判例を調査しておくことなど、専門家としての万全の準備を行う必要がある、という点です。税理士の行う事務については、違反があった場合には更正処分に直結するため、租税手続の十分な理解が必要になるといえます。

【法人税】報酬が、詐欺による不正請求・二重請求として
争われた事例（東京地裁令和2年7月30日判決（平成29年（ワ）28885号））

> 報酬の請求をめぐってトラブルとならないよう、税理士業務の目的
> や合理性を十分に説明することがポイントです。特にコンサルティ
> ング業務もしている場合には注意が必要です。

（1）事案の概要

　金型製造業を営む株式会社であるX1（代表取締役は、A）は、Y1（税理士兼公認会計士）との間で、平成24年12月21日に、顧問契約を締結するとともに、企業経営に関するコンサルティング業務等を営む株式会社であるY2（代表取締役は、Y1）との間で、同日、資産税コンサルティング顧問契約を締結しました。また、これらの契約のほかに、平成24年12月21日から平成26年10月1日までの間、X1とY2は以下の業務等に係る委任契約を締結し、Y2はそれぞれの業務に係る報酬の支払を受けました。

（ⅰ）株価引下げ業務

　X1の元代表取締役であった亡X2が取締役を退任する際に、X1がX2へ退職慰労金等を支給する方法で会社資産を引き下げることにより、X1の株価を引き下げた上で、当該株式を事業の後継候補者Bに贈与することを内容とする業務

（ⅱ）欠損金繰戻還付業務

　X2への退職慰労金等の支給によりX1に生じた欠損金の繰戻還付請求を行うことを内容とする業務

（ⅲ）株式交換による組織再編業務

　X2の死亡後の相続税が高額になり納付できないおそれがあるため、

その税負担を軽減する目的で、B が X1 株式の贈与を受けるのに先立ち、新会社 b を設立した上で、B が新会社 b に X1 株式を譲渡する代わりに、新会社 b が新株を発行し、これを B に譲渡すること（株式交換）で相続税を軽減させる業務

（iv）一般社団法人活用支援業務

　X1 が一般社団法人及び一般財団法人に関する法律第 2 章第 1 節（第 10 条以下）所定の手続により一般社団法人 c を設立し、同法人が新会社 b から X1 株式を取得し、また、X1 がその所有不動産を一般社団法人 c に譲渡した上でリースバックを受けることにより、相続税を軽減させる業務

その後、X1 は、平成 28 年 4 月 12 日頃、被告 Y1 に対し、同月末日をもって Y1 および Y2 との間のすべての契約を、平成 29 年法律第 44 号による改正前の民法第 651 条第 1 項に基づき解除する旨の意思表示をし、Y1、Y2、Y2 の取締役であった Y3 および Y4 に対し、報酬の重複請求または詐取の存在、暴利行為の存在、債務不履行の存在、Y2 の役員の任務懈怠の存在を理由として、不法行為等に基づく損害賠償請求を行いました。

（2）争点

　上記（ i ）から（iv）について、報酬の重複請求または詐取の有無、暴利行為の有無等が主な争点となりました。

（3）裁判所の判断

　前記争点について以下のとおり判断し、原告の請求を一部認容しました。

① （ i ）について

「株価引き下げ業務の目的や経緯は合理的なものであった」。実際に、Y2 が行った業務により、B に対する X1 の「株式の贈与が実現し、同株式の価額は前決算期から 7 分の 1 以下に下落して相当の贈与税軽減効果が発生した」ところ、これに関し支払われた報酬（計 1,816 万 5,000 円）は高額であるが、当該報酬は税軽減効果額の 4 ％相当とされていたところ、「税効果の 4 ％相当という算定根拠は、社会的相当性を逸脱するほどではない」などとして、被告会社 Y2 による「一連の報酬の請求、受領に不当性、不合理性は認められない」。「したがって、株価引き下げ業務につき、被告 Y1 が重複請求を企て、その報酬を詐取したと認めることはできない」。

② （ ii ）について

Y2 が受領した成功報酬は、「独自の業務実態が認められず」、「その額は約 1,200 万円と不相応に高額であり、還付金額は税理士の能力等に左右されないのに」、Y2 が、「その 10％もの報酬を受領する合理的根拠を見出し難い」。また、平成 25 年当時、X1 は順調に利益を上げており、資金繰りに不安はなかったため、会計上、欠損金の繰越控除を選択することも可能であったにもかかわらず、被告 Y1 は、「あえて繰戻還付を選択し、しかも業務実態のない高額報酬を請求したのであり、この点に報酬目当てという不正な動機もうかがわれる」ことから、上記成功報酬に係る「報酬請求は不当性、不合理性が著しいというべきであり、被告 Y1 が同報酬を詐取したと認められる」。

また、被告らは、Y2 と X1 との間の合意に基づき A が X1 から報酬相当額を支出したことをもって、詐欺には当たらないと主張したところ、この主張については、「同支出が合意に基づくものであったとしても、その形成過程に A の誤信があれば、詐欺は成立し得るのであり、被告

らの上記主張は失当である。」と判断された。

③（ⅲ）について

「会社法上の株式交換制度を利用した持株会社化は、事業承継をめぐ
る相続対策として有用な方策であ」り、現に「株式交換は実行されたの
であり、同交換による組織再編業務は、業務実態のないものではなかっ
た」こと、X1 については、平成 26 年 4 月期決算において、X2 への退
職慰労金等の支給により、X1 の資産が減り、X1 の「株式の価額は大幅
に下落したが、利益の蓄積が続けば、再上昇して従前の価額に戻る可能
性もあった」ことについて、「株価再上昇の可能性があるとの被告 Y1
の判断が誤りであったとはいえない」ことも考慮すると、株式交換によ
る組織再編業務につき、被告 Y1 が当該報酬を詐取したと認めることは
できない。

他方、「株式交換による組織再編業務の主要な目的は、B の死亡後の
相続税の軽減を図ることであったが、その提案時（平成 25 年 8 月）には、
B はまだ 54 歳であり、数年内に相続税の軽減を図る必要に迫られてい
るわけではなかった」。Y2 は、平成 25 年 9 月 27 日に報酬（株式交換
による組織再編業務の成功報酬（相続税軽減額（Y1 が B に対し、3 億
2,730 万円と説明していた）の 4 ％相当に消費税を加算））を受領したが、
この時点では、「3 億 2,730 万円もの税軽減効果は生じておらず、近く
生じる見込みもなかったばかりか、株式交換を実行するための条件整備
として、X2 の B に対する本件株式の贈与や B の原告会社の代表取締役
への就任すら実現していなかった」。

さらに、被告 Y1 は、株式交換のわずか 11 日後に、X1 に対し、一般
社団法人活用支援業務を提案したが、同業務は、株式交換による組織再
編業務で本件株式を取得した新会社が新法人（一般社団法人 c）に同株
式を再譲渡することを内容にしていたから、株式交換による組織再編業

務は、一般社団法人活用支援業務のいわば準備段階にすぎなかったが、Y2 は、「2 つの業務ごとに原告会社との間で別個の委嘱契約を締結し、相互に額の調整も行わず、それぞれ高額の報酬を受領した」。しかも、「B の死亡後の相続税額に株価再上昇の影響が及ばないようにするには、相続時精算課税制度の採用等、他の方策の選択もあり得たのであり、株式交換による組織再編業務は、業務実態がなかったわけではないものの、これを実行することには疑問があり得た」。

「このような事情を考慮すれば、同業務は、平成 25 年ないし翌 26 年頃に提案して実行する必要性がなく、税効果も不確かで、意味合いの乏しいものであったというほかない」。また、「被告 Y1 が株式交換比率の算定に至る手続等に、高額報酬に見合う多大な手間や労力をかけたとは認められない」。

以上によれば、Y2 は、「無意味な業務をあえて実行したことにより不相応に高額の報酬を取得したのであり、暴利行為があったと認めることができる」。

④ (iv) について

Y2 は、一般社団法人活用支援業務について、「予定していたフェーズ 1 から同 8 までの 8 段階のうち同 1 (受け皿会社である新法人の設立) のみを実行したにとどまるから、報酬の大部分を取得する根拠を欠くといわざるを得ない」。

この点につき、被告らは、X2 が B を脅してまで業務の中止を要求したため業務の続行が不能になったのであり、Y1 および Y2 が責任を負うものではない旨主張するが、「その当時、X2 はすでに原告会社の役員でも株主でもなかった。被告会社は、たとえ X2 の反対があったとしても、原告会社との関係では委嘱契約に基づき、善管注意義務をもって受任した業務を実行する義務があり、また、その実行は可能であったというべ

きである」。

　また、「一般社団法人活用支援業務のうち当初部分は、X2所有の事業用不動産を新法人に移転するとの内容を含む。他方、同業務のうち追加部分は、X2所有の事業用不動産である△△物件及び▲▲物件を新法人に売却するというものであり、当初部分の一部にそのまま重複する」。そして、「被告Y1は、不動産仲介業者ではないのに」、X1から、「約650万円の仲介報酬を受領しており、これは極めて不当というべきである」。これらによれば、「被告Y1は、同じ内容の業務を重ねて提案し、被告会社において報酬を請求して受領したのであり、不当性、不合理性は著しく」、これらの業務に係る「報酬を詐取したと認めることができる」。

（4）解説

　本裁判例は、税理士の顧客に対する事業承継に係るコンサルティング業務に係る報酬の請求が、詐欺や暴利行為等によるものに該当するか否かが問題となり、税理士の一部業務に詐欺および暴利行為等の存在を認め、税理士の損害賠償責任を認めた事案です。本裁判例は、税理士がコンサルティング業務を行うにあたり、短期間に高額の報酬請求を繰り返した事案であり、特殊な事案ですが、税理士業務において報酬請求をするにあたり、本裁判例において示された判示内容を踏まえ、報酬請求に関し顧客との間のトラブルを防止する必要があります。

　税理士と顧客との契約については契約自由の原則（民法第521条）が妥当し、また、現在、法令および税理士会の自主規制において、税理士報酬に係る規律は存在していないため、税理士報酬については、原則として、当事者が自由に決定することができます。

　もっとも、報酬を詐取した場合には、当該報酬については不法行為（民法第709条）に基づく損害賠償請求や不当利得（民法第703条）に基

づく返還請求を根拠に、顧客に返還されることになります。本裁判例は、（ⅱ）および（ⅳ）の業務について税理士による報酬の詐取を認定したのに対し、（ⅰ）および（ⅲ）の業務については報酬の詐取を認定しなかったところ、これらの判示内容に鑑みると、税理士業務の目的や経緯の合理性、報酬の請求に係る税理士の業務の業務実態の有無に照らし、請求する報酬が社会的相当性を逸脱するか、税理士の判断が誤りであったかなどを考慮し、税理士報酬の請求の「不当性、不合理性」の有無を判断していると考えられます。本裁判例は特殊事例における事例判断であり、その判示内容を一般化することはできませんが、税理士業務（特に税理士が行うコンサルティング業務のように、報酬水準が明確ではない業務）に係る報酬については、報酬の詐取の疑いを受けないように、本裁判例の判示内容を踏まえ、①税理士業務の目的や合理性について、顧客に対し十分に説明すること、②契約締結時には実施予定であったものの、実際には実施されなかった業務が発生した場合には、当該業務に係る報酬の請求をしないこと、③業務実施過程において、実施した業務の内容を顧客に丁寧に説明することなどの対応を取ることが考えられます。

　また、暴利行為、すなわち他人の窮迫、軽率または無経験を利用し、著しく過当な利益を獲得することを目的とする法律行為は、公序良俗に反して無効とされているところ（民法第90条、大判昭和9年5月1日（大審院民事判例集13巻875頁））、本裁判例は、税理士が無意味な業務をあえて実行したことにより不相応に高額の報酬を取得した場合には暴利行為となる可能性があることを示していると考えられます。本裁判例の判示内容によると、業務を行った時点において必要がない業務を行うことや、業務実態や業務により生じる税効果を踏まえると、不相当な報酬を請求することは、税理士の報酬請求の暴利行為該当性を根拠付ける事由に該当すると考えられますので、暴利行為に該当する旨の評価を避けるべく、顧客の意向を確認するなどし、顧客にとって不必要な業務を行

わないことや、契約締結時に税効果に照らした報酬を設定するなどの対応が必要となると考えられます。また、特にコンサルティング業務については、顧客の税務知識によってはその業務の必要性が顧客の側から判断がつきにくい場合もあると考えられるので、業務の必要性について特に丁寧に説明をする対応が必要と考えられます。

【所得税】履行補助者（事務所職員）に対する指導・監督義務に関する事例（前橋地裁平成14年12月6日判決（TAINS Z999-0062））

> 履行補助者が依頼者に十分な説明をしていないと、税理士本人の善管注意義務違反が認められてしまいます。

（1）事案の概要

　本件は、建材を購入し販売する原告A、および原告Aの妻で前橋市内において美容院を経営する原告Bが、税理士である被告に所得税等の確定申告を依頼したところ、被告の雇用する職員の行った申告(以下、「本件申告」といいます）が委任の趣旨に反した違法なものであったため、加算税および延滞税相当額の損害が発生したとして、それぞれ、被告に対し、委任契約の債務不履行に基づく損害賠償金および遅延損害金の支払を求めた事案です。

　本件の具体的な事実経過は、以下のとおりです。

①原告らは、原告Aの所得が増加してきたため、税理士を通じて所得税等の確定申告手続を行うことによって税金の納付額をできるだけ少なくしようと考え、被告に対し、平成6年度分の所得税等の確定申告手続を代理して行うよう委任し、被告は、被告事務所の職員（以下、「本件職員」という）を履行補助者として上記業務にあたらせることにした。

②本件職員は、原告Aに対し、確定申告書を作成するために必要な書類として、現金出納帳、預金通帳、請求書、領収書などの原始記録を提示するよう求めたが、原告Aは、これを拒んだ上、本件職員に対し、

原告Ａの作成した平成5年度の申告書の控え、生命保険料や損害保険料の控除証明書のみを提示して、同6年度についても同5年度と同様に申告するよう要請した。本件職員は、原告Ａから提示された上記書類のみでは原告らの事業の経費が不明なため確定申告書の経費欄を記載することができないことから、原告Ａに対し、経費を推計で算出して経費の合計額のみを記載し経費欄の具体的項目の金額を記載しない方法による申告をするよう提案したが、原告Ａは、これも拒み、平成5年度の申告についても経費欄の具体的項目の金額を記載して申告したので、平成6年度も同様のやり方で申告するように要請した。そこで、本件職員は、それ以上原始資料の提示を求めることなどを断念した。なお、本件職員は、上記打合せの際、原告Ａの指示どおりの申告をした場合に、原告らが将来脱税を指摘されて重加算税や延滞税などを課せられる危険があることを説明しなかった。

③本件職員は、原告Ａから提示された平成5年度の申告書の控えに記載された数額と、同年度と比較した原告Ａの説明に係る項目ごとの増減率の数字を参考にして、確定申告書の各項目の金額を記載した。ただし、確定申告書に添付する収支内訳書のうち「売上（収入）金額の月別内訳等」欄や「仕入金額の内訳」欄については、原告Ａから原始資料を提示されず具体的な金額が分からなかったため、ほとんど記載せず、上記確定申告書を前橋税務署長に提出した。

④原告らは、平成7年度ないし同9年度の所得税等の確定申告書の作成についても被告に委任し、被告は、いずれの年度においても、本件職員を履行補助者として上記業務にあたらせた。本件職員は、いずれの年度においても、原告Ａから原始資料の提示を受けることができず、前年度と同様のやり方で申告するよう指示されたため、平成6年度と

同様に、収支内訳書のうち「売上（収入）金額の月別内訳等」欄や「仕入金額の内訳」欄についてほとんど記載しないまま、前年度の申告書に記載された数額と原告Aから説明を受けた前年度比での項目ごとの増減率の数字を参考にして、確定申告書の各項目の金額を記載し、同申告書を前橋税務署長に提出した。

⑤上記いずれの年度においても、原告Bは、所得税等の確定申告書の作成、提出に関する打合せについて、原告Aに一任しており、自らが関与することはなかった。また、本件職員は、上記いずれの年度における打合せにおいても、原告Aに対し、同人の指示どおりの申告をした場合に、原告らが重加算税や延滞税などを課せられる危険があることを説明しなかった。

⑥国税庁は、原告らの上記各申告に係る所得税および消費税に脱税があるとして、原告らに対し、強制調査を実施した。その結果、原告らは追加納税の賦課決定を受け、追加課税額を全額納付した。

（2）争点

本件の争点は、①被告の債務不履行（善管注意義務違反）の有無、②損害の有無・金額、③過失相殺の有無・範囲です。

（3）裁判所の判断

①争点①について

裁判所は以下のように判示して、被告の債務不履行（善管注意義務違反）を認めました。

「税理士は、税務に関する専門家として、独立した公正な立場において、申告納税制度の理念にそって、納税義務者の信頼にこたえ、租税に関す

る法令に規定された納税義務の適正な実現を図ることを使命としており（税理士法第1条）、脱税相談等を行うことを禁止され（同法第36条）、税理士業務を行うにあたって、委嘱者が税の課税標準等の計算の基礎となるべき事実を隠ぺい、仮装している事実があることを知ったときなどは、直ちに、その是正をするよう助言しなければならない公法上の義務を負っている（同法第41条の3）。」

「税理士は、上記のように税理士法所定の使命を担うほか、依頼者との間には委任関係があるから、受任者として委任の本旨に従った善良な管理者としての注意義務を負っており（民法第644条）、依頼者の希望や要請が適正でないときには、依頼者の希望にそのまま従うのではなく、税務に関する専門家としての立場から、依頼者に対し不適正の理由を説明し、法令に適合した申告となるよう適切な助言や指導をするとともに、重加算税などの賦課決定を招く危険性があることを十分に理解させ、依頼者が法令の不知などによって損害を被ることのないように配慮する義務があるというべきである。」

「本件では、…C（筆者注：本件職員）が、原告Aに対し、確定申告書を作成するのに必要となる原始資料の提示を求めたところ、原告Aは、これを拒否した上、Cに対し、確定申告書に添付する収支内訳書のうち『売上（収入）金額の月別内訳等』欄や『仕入金額の内訳』欄をほとんど空欄にしている前年度の確定申告書と同様のものを作成して提出するよう指示したというのであるから、Cにおいて、原告らが売上げや経費を実際の金額と大幅に異なる金額として申告し不正に課税を免れようとしている可能性があることを容易に認識することができたものと認められる。それにもかかわらず、Cは、原告Aの指示どおりの申告をした場合に、原告らが将来脱税を指摘されて重加算税や延滞税などを課せられる危険があることを何ら説明しないまま、原告Aの指示どおりに所得税等確定申告手続を行ったというのであるから、Cが、原告Aに対し、同

人の指示どおりの申告をした場合に、原告らが重加算税や延滞税などを課せられる危険性が高いことを十分に説明し、指導していれば、原告らが本件のような不適法な申告を行うことはなかったと認められる。」

「以上によれば、被告の履行補助者であるＣが、原告Ａの指示どおりの申告をした場合に、原告らが将来脱税を指摘されて重加算税や延滞税などを課せられる危険があることを何ら説明しないまま、原告Ａの指示どおりに所得税等確定申告手続を行ったことは、税務に関する専門家である税理士としての立場から、依頼者に対し不適正の理由を説明し、法令に適合した申告となるよう適切な助言や指導をするとともに、重加算税などの賦課決定を招く危険性があることを十分に理解させ、依頼者が法令の不知などによって損害を被ることのないように配慮する義務に違反しており、被告の債務不履行になるといわざるを得ない。」

②争点②について

裁判所は以下のように判示して、原告の損害を認めました。

「原告Ａは、平成６年度ないし同９年度における重加算税、延滞税、消費税重加算税の合計額2,118万9,600円を納付し、原告Ｂは、同７年度ないし同９年度における重加算税、延滞税の合計額262万4,100円を納付したが、原告らの納付したこれらの金員は被告の債務不履行がなければ納付する必要がなかったものと認められるから、これらは被告の債務不履行に基づく損害であると認められる。」

③争点③について

裁判所は以下のように判示して、過失相殺（原告過失９割、被告過失１割）を認めました。

「原告Ａは、Ｃから確定申告書の作成に必要な原始資料の提示を求められたにもかかわらず、それを拒んだ上、平成５年度に自らの行ったや

り方と同様のやり方で同6年度ないし同9年度の確定申告手続を行うようCに指示したというのであるから、自己の指示するやり方による確定申告手続が不適法ないし不適正であることを認識しつつ、Cに対し、自己の指示する方法で確定申告手続をするよう要請したものと認められる。そうすると、原告Aが…重加算税などの納付を余儀なくされた責任の大部分は、原告Aにあるといわざるを得ない。」「原告Bは、原告AにCとの確定申告に関する打合せについての対応を一任し、自らが関与することはなかった。そうすると、原告Bが…重加算税などの納付を余儀なくされた責任の大部分は、原告Aと同様、原告Bにあるといわざるを得ない。」

　「原告らの責任の大きさにかんがみると、損害の負担について公平を図る見地から、本件については過失相殺を行うのが相当であり、原告ら各自の損害について、それぞれ9割を減じるべきである。」

　「原告Aが被告に対し請求し得る損害金は、…納付済の平成6年度ないし同9年度における重加算税、延滞税、消費税重加算税の合計額の1割である211万8,960円となり、原告Bが被告に対し請求し得る損害金は、…納付済の同7年度ないし同9年度における重加算税、延滞税の合計額の1割である26万2,410円となる。」

（4）解説

　本件は、被告の履行補助者である本件職員が、原告に対し、同人の指示どおりの申告をした場合に、原告らが重加算税や延滞税などを課せられる危険性が高いことを十分に説明・指導していれば、原告らが本件のような不適法な申告を行うことはなかったことをもって被告の善管注意義務違反を認定しており、税理士が履行補助者を利用する場合には、当該履行補助者に対する指導・監督を十分に行っておくことが重要です。

　また、本件は、税理士が脱税スキームを提案したわけではなく、依頼

者が確定申告に必要な書類の提出を拒み自らの意思に基づいて脱税した事案であるものの、（過失相殺で9割の減額がなされているとはいえ）税理士の責任が認められた事案です。

　裁判所は、税理士が、①納税義務者の信頼にこたえ、租税に関する法令に規定された納税義務の適正な実現を図ることを使命としていること、②委任契約の内容として善管注意義務を負っていることを指摘しつつ、依頼者の希望や要請が適正でないときには、法令に適合した申告となるよう適切な助言や指導をするとともに、重加算税などの賦課決定を招く危険性があることを十分に理解させ、依頼者が法令の不知などによって損害を被ることのないように配慮する義務を認めており、税理士のその社会的責任および契約上の責任から、依頼者に脱税の意図がある可能性を容易に認識することができた際に依頼者に対して助言・指導等する義務を認めていると考えられます。

　そのため、依頼者の脱税の意図の可能性が認められる場合には、将来脱税を指摘されて重加算税や延滞税などを課せられる危険があることを説明し、法令に適合した申告となるよう適切な助言や指導をするとともに、かかる説明・助言・指導等の証拠を書面やメール等で残しておくことが重要であると考えられます[20]。

20　内田久美子・堀　招子 編『判例から学ぶ　税理士損害賠償責任（所得税・法人税・消費税編）』（大蔵財務協会、2018年）81,82頁参照

6 【消費税】個別対応方式と一括比例配分方式に関する事例（東京地裁平成15年11月28日判決（TAINS Z999-0099））

> 消費税額の計算方式の選択に影響を与えるような事実の発生を知らなかった場合でも、発生する可能性を認識していた場合には依頼者に確認や説明をするべきです。

（1）事案の概要

　本件は、株式会社である原告が、被告税理士に対し、原告から税務申告の委任を受けた被告が税務申告をするにあたり、原告に説明、問い合わせをしなかった善管注意義務違反により原告に過大な消費税の納付義務を生じさせたと主張して、債務不履行に基づく損害賠償およびこれに対する遅延損害金を請求した事案です。

　本件の具体的な事実経過は、以下のとおりです。

①被告は、税理士として、原告から、平成7年度から平成12年度まで原告の法人税、消費税および地方消費税の申告業務について委任を受け、確定申告を行っており、原告は、平成11年度まで、消費税および地方消費税の確定申告において、課税売上割合が95％以上であったので、控除税額は全額控除方式によって計算していた。

②なお、消費税の確定申告における控除税額の計算方式については、課税売上割合が95％以上の場合には全額控除方式をとることとなっているものの、課税売上割合が95％未満の場合には、個別対応方式と一括比例配分方式の2つの方式があり、申告者はこれを選択することができる。ただし、簡便法である一括比例配分方式を選択すると、そ

の方法により計算することとした課税期間の初日から同日以後2年を経過する日までの間に開始する課税期間の後の課税期間でなければ、個別対応方式に変更することはできない（消費税法第30条第5項）。

③原告は、平成7年6月から、被告が代表を務める株式会社との間で、銀行対策などを内容とする業務委託契約を締結して銀行との交渉などを依頼していた。

④原告は、平成7年当時、債務超過の状態にあり、借入金は20億円を超え、元利金の返済も遅滞していたところ、原告の債権者であった銀行は、原告に対する貸金債権を整理回収機構に譲渡し、原告は、所有する不動産（以下、「本件不動産」という）を整理回収機構に担保として提供していた。

⑤原告は、平成11年4月頃から、整理回収機構から本件不動産を売却して借入金を一括返済することを要求されるようになり、原告のコンサルタントの代表者として整理回収機構との交渉にあたっていた被告は、本件不動産の売却要求に応じるために、原告に対し、本件不動産の買受人を紹介した。

⑥もっとも、平成12年9月頃、整理回収機構が本件不動産の売却を猶予したことから、本件不動産売却の話は白紙に戻った。

⑦原告は、平成13年2月9日に本件不動産を売却したが、平成12年度申告時、すなわち平成13年4月2日までに、被告に対しこのことを伝えなかった。

⑧被告は、平成 13 年 4 月 2 日に原告の平成 12 年度の消費税および地
方消費税の確定申告をした際、課税売上割合が 95％未満（94.9％）
であったものの、原告に対して説明・問い合わせをすることなく、控
除税額の計算方法として一括比例配分方式を選択した（以下、「平成
12 年度申告」という）。なお、被告は、消費税および地方消費税の確
定申告における控除税額の計算方法として個別対応方式と一括比例配
分方式を選択できること、いったん一括比例配分方式を選択した場合
には、2 年経過しなければ変更できないこと、ならびに土地の売却等
により一括比例配分方式を選択すると個別対応方式よりも多くの消費
税を支払わなければならない可能性があることについて、いずれにつ
いても一切説明しなかった。

⑨原告は、平成 13 年度の確定申告の際、本件不動産の売却代金にかか
る消費税および地方消費税について申告した（以下、「平成 13 年度
申告」という）。原告は、被告が、平成 12 年度申告の際、控除税額
の計算方法について一括比例配分方式を選択して申告をしたため、平
成 13 年度申告においても一括比例配分方式により計算せざるを得ず、
その結果、原告は、平成 13 年度の消費税および地方消費税として、
合計 3,046 万 1,100 円を納付したが、仮に個別対応方式で控除額を計
算した場合には 1,678 万 7,000 円となるはずだった。

（2）争点

　本件の争点は、①被告の善管注意義務違反の有無、②因果関係および
損害額です。

（3）裁判所の判断

①争点①について

裁判所は以下のように判示して、被告の善管注意義務違反を認めました。

「原告は、平成12年度申告時において、それまでは選択の余地のなかった控除税額の計算方法について選択できることとなり、その選択によって、当年度に納付すべき税額が変わるほか、原告が今後一定期間内に土地の譲渡等の非課税取引をした場合には、他方を選択した場合よりも、多額の税金を納付しなければならなくなる可能性があるという状況にあった。また、原告は同年度内に、整理回収機構から本件不動産の売却を求められて、現に売却しようとしたことがあり、被告はこの事実を認識していた。」

「被告は、原告の平成12年度申告に当たって、それまでは選択の余地のなかった控除税額の計算方法について選択できるようになったこと、その選択によって当年度に納付すべき税額が変わること、また、原告が今後一定期間内に土地の譲渡等の非課税取引をした場合には、他方を選択した場合よりも、多額の税金を納付しなければならなくなる可能性があることなどを原告に対して説明すべき委任契約上の義務があったというべきである。」

「被告は、原告に対し、平成12年度申告に当たり、消費税及び地方消費税の確定申告における控除税額の計算方法について何ら説明せず、その選択によって土地の売却等により必要以上の消費税を支払わなければならない可能性があることなどについて一切説明せず、不動産の売却の事実の有無について問い合わせることも一切なかったのであるから、前記委任契約上の義務に違反したと認められる。」

「なお、被告は、平成12年度の課税売上割合が94.9％であり、わず

か 0.1％のために膨大な区分作業を行うことは費用対効果の観点から、常識では考えられないと主張するが、自らの事務を軽減するために簡便な方式を選択する場合には、その旨を委任者である原告に説明すべきであり、これを怠っている以上、被告の主張には理由がない。」

②争点②について

裁判所は以下のように判示して、因果関係および損害を認めました。

「被告が平成 12 年度申告の際に原告に説明、問い合わせをしていれば、原告が本件不動産を売却していたことが伝えられ、消費税額を少なくするために個別対応方式が選択されたことは明白である。」

「被告が前記義務に違反したため、原告が平成 13 年度に納付すべき消費税及び地方消費税の合計額は、個別対応方式で計算すれば、1,678 万 7,000 円となるはずであったのに、原告は、3,046 万 1,100 円を納付せざるを得なかったのであるから、被告は、前記義務違反に基づく損害賠償として 3,046 万 1,100 円と 1,678 万 7,000 円の差額である 1,367 万 4,100 円を賠償すべき義務がある。」

「もっとも、原告は、本件不動産を…売却した後、被告と会った際に売却の事実を報告しなかったばかりか、かえって、…あたかも本件不動産がその時点では売却されていないかのような話をしていること…など、本件の諸般の事情を考慮すると、公平の観点から、損害額 1,367 万 4,100 円の 3 割を過失相殺することが相当である。そうすると、過失相殺後の損害額は、957 万 1,870 円となる。」

（4）解説

本件は、被告税理士が、原告による不動産売却の事実を現に知らない場合であっても、原告が債権者から当該不動産の売却を求められ、現に売却しようとしたことがあったことを税理士が認識していたという事実

関係において、それまでは選択の余地のなかった控除税額の計算方法について選択できるようになったことや、原告が今後一定期間内に土地の譲渡等の非課税取引をした場合には、他方を選択した場合よりも多額の税金を納付しなければならなくなる可能性があること等を説明しなかったことをもって善管注意義務違反が認められた事案です。

　かかる判示を踏まえると、本件事情の下において、課税売上割合が95％未満となる結果依頼者が個別対応方式または一括比例配分方式を選択することを可能とする不動産売却等の確定的事実を知らなくとも、その事実が生じ得る可能性を認識した場合には、依頼者に対して税額の計算方式の選択の余地等を説明すべき義務が認められたと考えられます。なお、本件においては、被告は原告から委任を受けた税理士であるとともに、原告との間で銀行対策などを内容とする業務委託契約を締結してコンサルティング業務も行っており、当該業務の中で被告が本件不動産の売却を検討していたことを知っていたという事情があり、被告の税理士としての地位に加えてコンサルタントとしての地位に基づく認識が考慮された可能性もあります。そのため、いかなる経緯であっても、依頼者にとって有利となる納税方法を選択できるような事実の存在可能性を認識した場合には、依頼者に対してその旨説明・助言等を行っておくのが無難な対応であると考えられます。

　また、被告は、平成12年度の課税売上割合が94.9％であり、わずか0.1％のために膨大な区分作業を行うことは費用対効果の観点から常識では考えられないと主張しましたが、裁判所はこの主張を認めていません。仮に、受任者である被告側の事情によって簡便な方式を選択することが通常であっても、その旨を委任者に説明すべきと判示されていることに留意する必要があります[21]。

21　内田久美子・堀　招子 編『判例から学ぶ　税理士損害賠償責任（所得税・法人税・消
　　費税編）』（大蔵財務協会、2018年）388 〜 390頁参照

7 【法人税】費用計上にあたって証憑確認義務があるとされた
事例（山形地裁鶴岡支部平成 19 年 4 月 27 日判決（LEX／DB25420888））

> 申告にあたっては、客観的な資料を確認することがポイントです。
> また、優遇税制等の適切な適用のために、依頼者への一般的な説明
> にとどまらず具体的な検討が必要です。

（1）事案の概要

　X 社および A 社その他の X 社の関連会社は、被告である税理士 Y と
の間で、それぞれ、税務代理、税務書類の作成、税務相談およびこれら
の業務に付随する財務関係書類の作成、会計帳簿の記帳代行を行うこと
を内容とする税務顧問契約を締結していました。当該税務顧問契約の期
間中、A 社は X 社に対する特別管理費を計上し、X 社に対する短期貸
付金と相殺するという経理処理を行っていましたが、税務調査の結果、
当該特別管理費について寄付金であるとの認定がされ、これにより、A
社は、平成 11 年度ないし平成 14 年度の税務申告について修正申告を
行い、3,142 万 300 円を支払いました。

　また、リースに関して租税特別措置法上優遇税制（旧租税特別措置法
第 42 条の 6 など）が設けられていましたが、上記税務顧問契約期間中、
X 社および A 社その他の関連会社のリース物件については同制度が適
用されていませんでした。

　X 社は、A 社を含む関連会社を吸収合併した後、Y に対し、上記税務
顧問契約上の債務不履行に基づき 7,556 万 1,120 円の損害賠償および遅
延損害金の支払を求めて提訴しました。

（2）主な争点

　本件の争点は、①修正申告がYの債務不履行によるものか、②X社その他関連会社が税額控除を受けなかったことはYの債務不履行によるものか、③X社および関連会社からYが受領した記帳代行報酬は不当利得となるかです。

（3）裁判所の判断

①争点①について

　裁判所は、まず、「税理士は、税務に関する専門家として、独立した公正な立場において、申告納税制度の理念にそって、納税義務者の信頼にこたえ、租税に関する法令に規定された納税義務の適正な実現を図ることを使命とするものである（税理士法第1条）。そして、税理士は、税務の専門家として、依頼者から税務に関する相談を受けたときは、税務に関する法令、実務に関する専門的知識に基づいて、依頼者の依頼の趣旨に則り、適切な助言や指導を行う義務を負う。」と述べました。その上で、「税務実務上、期末に一括して計上し、これが管理費として認められるためには、あらかじめ管理費に関するロイヤリティー契約を締結しておくことが必要であり、そのような契約を締結していない場合は、実費相当額以外は経費として認められない。本件において、X社等8社は、事前にロイヤリティー契約を締結することなく、管理費を期末に一括して計上していたこと、B税理士（筆者注：Yの履行補助者）は、前記のような税務上の扱い及びX社等8社の管理費の処理の仕方を知りながら、計上している管理費は実費相当額である、また、管理費の多くはX社のいろいろな経費の中に紛れ込んでおり、その内容は容易には特定しがたく、資料としてまとめるにはとても時間がかかる旨のX社代表者の説明を漫然と信じ、その内容を客観的資料によって確認するこ

とをしなかったこと、B税理士は、平成11年度以降A社が特別管理費を計上するようになった際も、特別管理費として計上した額は工場移転に当たってX社が負担した額である、今までの管理費では到底不足である旨のX社代表者の説明を漫然と信じ、やはり、その内容を客観的資料によって確認することをしなかったこと、鶴岡税務署から管理費及び特別管理費に関し指摘がなされた後、Y及びB税理士は、X社専務取締役の協力の下、総勘定元帳等からA社のための経費及びグループ会社の共通経費を拾い出す作業をしているところ、たとえX社代表者が資料の提出を拒否したとしても、最終的にはX社専務取締役の協力を得るなどして、資料の開示を受ければ、X社が計上した管理費及び特別管理費が実費相当額であったか否かを明らかにすることは可能であったこと、A社は、本件税務調査により、管理費及び特別管理費が実費相当額であることの根拠を提示することができず、本件修正申告を余儀なくされたこと」を認定しました。そして、結論として、「Yは、X社の管理費及び特別管理費の計上について、それを裏付ける客観的資料がない限り、経費として控除の対象にならないことを認識していながら、資料による裏付けをすることなく、漫然とX社代表者が計上した額に基づき税務申告をし、そのためにX社が修正申告をせざるを得なくなったと認めることができる。このことからすれば、Yには、本件税務顧問契約における注意義務に違反した債務不履行があった」と判断しました。

　なお、上記の債務不履行による損害賠償の範囲について、裁判所は、「本件において、B税理士は、X社代表者に対し、管理費及び特別管理費について、期末に一括計上するのであれば、事前にロイヤリティー契約を締結するか、あるいは実費相当額であることを明らかにしなければ一切認められない旨説明していたにも関わらず、X社代表者は、これに従わず、ロイヤリティー契約を締結しなかったこと、管理費及び特別管理費として計上した額を具体的に算定できる客観的資料は一切なく、申告し

た額はX社代表者の一存で決定した額に過ぎないのに、あたかも資料があるかのような説明をB税理士にしていた」ことから、「債務不履行と相当因果関係を有する損害の範囲は、Yが前記のような説明を全く行っていなかった場合とは自ずと異なってくるといわざるを得ない。そして、前記で認定したとおり、Yからの協力要請に応えていなかった等のXの事情をも勘案すると、Yの債務不履行と相当因果関係を有する損害は、前記納税額の約2分の1である1,570万円にとどまるというべき」と判断しました。

　②争点②について
　裁判所は、「Yが、本件各税務顧問契約に基づき、税法上の優遇措置の適用の可否を検討し、依頼者が税法上の優遇措置を受けられるように税務申告を行うべき義務を負っていたことは当事者間に争いがない」とした上で、「平成5年から平成13年までの間、本件制度…の適用を受けることができたにもかかわらずこれを受けていないのであるから、Yには税務顧問契約上の債務不履行があったというべき」と判断しました。
　また、Yからの、「X社等6社に対し、口頭あるいは事務所通信によって、本件制度…について説明した上、優遇措置を適用できるものがあれば申し出るように指導したにもかかわらず、X社等6社から申し出がなかったので適用しなかった」との主張については、「B税理士は、X社代表者に対し、優遇税制一般の説明をし、適用できるものがあれば資料を出すよう求めたにとどまり、本件制度…について具体的な説明をしたり、具体的に必要となる資料を特定して資料の提出を求めたわけではない。そして、税務の専門家でないX社代表者にとって、優遇税制一般の説明を聞いただけで、どのような資料を提出すればよいのか判断することは極めて困難であることは明らかである。B税理士によれば、リース契約書を見れば本件制度…の適用を受けることができるか否かはすぐ

に判断できるというのであり、また、X社は、X社等6社のリース契約書をファイルにつづっていつでも提出可能な状態にしていたのであるから、B税理士がX社代表者に対し、リース契約書の提出を求めればいつでも提出がなされ、適正な税務処理がなされたといえる。このことからすれば、Yが、本件各税務顧問契約における注意義務に違反していることは明らかであ」ると判断しました。

　③争点③について
　裁判所は、「税理顧問契約（編注：原文どおり）の解釈に当たっては、税理士法の規定や同法所定の団体である日本税理士会連合会の指針等も参考にするべきところ、一般的に、記帳代行報酬とは、委嘱者の提示した資料及び伝票に基づき、総勘定元帳の記入及び試算表の作成等の事務を行うことによる報酬とされ、税理士が自ら帳簿の作成を行うという意味での記帳代行はむしろ避けるべきとされていることは前記で認定したとおりである。」とし、「このような事情に照らせば、本件各税務顧問契約上、記帳代行とは、当事者間で記帳代行業務の内容に関する個別的合意を行った等の特段の事情のない限り、委嘱者であるX社等7社の提示した資料及び伝票に基づき、総勘定元帳の記入及び試算表の作成等の事務を行うことをいうと解するのが相当である。」としました。そして、「Yが、本件各税務顧問契約に基づき、X社等7社の提示した資料及び伝票に基づき、総勘定元帳の記入及び試算表の作成等の事務を行っていたことは前記のとおりである。よって、Yが、X社等7社から記帳代行報酬を受け取ったことが法律上の原因を欠くということはない。」として、不当利得には当たらないと判断しました。

（4）解説

　争点①に関する裁判所の判断からは、租税に関する法令に規定された納税義務の適正な実現を図ることを使命とする税務の専門家たる税理士は、依頼者側の説明を受け入れ、それに基づき税務申告を行うことにあたっては、注意義務として客観的な資料の確認義務を負担していることを明らかにするものと評価できます。

　本件では、具体的に、裏付けとなる客観的資料がなければ特別管理費等の経費として控除が認められないことを認識している場合には、経費処理して税務申告を行うにあたっては、依頼者に対して単に経費として認められないリスクを教示するのみならず、経費となることを裏付ける客観的な資料の確認を行わなければならなかったことが示されているのであり、本件のように税務申告にあたって客観的な資料が要求されるようなケースでは、そのリスクの教示のみならず客観的な資料の確認までも必要となるという意味で参考となり得ると考えられます。

　他方で、裁判所が、本件においてYの履行補助者であるB税理士が一定の説明を行っていたという事情等を考慮し、相当因果関係のある損害を修正申告による納税額の半額としていることから、B税理士によるX社代表者に対する説明という行為については、注意義務の履践とは評価されないまでも一定の意味を有すると解されます。

　争点②に関する裁判所の判断は、税理士として、優遇税制等の適切な適用の実現にあたっては、制度等についての一般的な説明や潜在的な資料の要求では足りず、個別具体的な適用について検討を行い、具体的な資料の請求を行うことまで求められることが示されていると考えられます。

8 【所得税】税理士に差し入れられた、その責任を問わない旨の誓約書の効力が認められた事例（東京地裁平成18年4月18日判決（TAINS Z999-0105））

> この裁判例では税理士の損害賠償責任が免責されていますが、抽象的に免責を定める誓約書は無効となる可能性がありますのでご注意ください。

（1）事案の概要

①当事者等

原告である X1 ないし X5 はいずれも訴外 B（以下、「B」といいます）およびA夫婦の子であり、兄弟という関係にありました。B、A夫婦には、原告らのほかに、訴外 C、および訴外 D（以下、それぞれ「C」「D」といいます）という子がおり、Cと被告 Y5 は夫婦という関係にあります。Bは昭和58年1月6日に、Aは平成13年5月8日にそれぞれ死亡しました。Dは、平成7年1月30日、2子を残して死亡しました。

Aは、平成11年4月2日、東京家庭裁判所において、禁治産者の審判を受け、その後見人としてCが選任されました。

被告である Y1、Y2 および Y3 はいずれも税理士であり、Y4 は昭和59年から同63年までは Y1 の、平成元年から同5年までは Y2 の、平成6年から同8年までは Y3 の各事務所に補助者たる事務職員として勤務していました。

②経緯

Aは、昭和59年3月、所有する土地上に賃貸用マンション（以下、「本件マンション」といいます）を建設し、その居室を賃貸して不動産貸付業を営んでいましたが、実際に事業を運営していたのは、本件マンショ

ンに居住していたCおよびY5でした。本件マンションの賃貸業務について の経理書類等の作成は、Y5が行っていました。

　X2は、精神障害者（統合失調症）であり、昭和59年以降は、本件 マンションにおいてAと同居していました。その後、平成9年にX3が X2の保護者となりました。禁治産宣告を受ける前のAの所得税について は、同人から同人の本件マンションを含む財産の管理一切を任されて いたCが、その包括的委任の一環として所得税確定申告等の処理を行っ ていました。同人の所得税については、昭和60年分以後の所得税申告 から青色申告書を提出することにつき所轄の四谷税務署長の承認があ り、昭和59年12月19日には、同税務署長に対し、X2を青色事業専 従者として毎月20万円の給料と毎年6月に30万円、12月に4万円の 賞与を支払う旨等を記載した書類が提出され、昭和60年3月15日には、 同税務署長に対し、減価償却資産（本件マンション）の償却方法を昭和 59年分において採用した定額法から定率法に変更したい旨の申請がさ れ、その承認がなされました。

　Aの昭和59年分から平成7年分までの所得税確定申告（以下、「本 件確定申告」といいます）のうち、昭和59年分から昭和63年分まで はY1の事務所で、平成元年分から平成5年分まではY2の事務所で、 平成6年分と同7年分はY3の事務所でそれぞれ確定申告書が作成され、 Y1ないしY3は各申告書にそれぞれ作成税理士として記名押印をしま した。その際、各税理士事務所において本件確定申告につき、Cから相 談を受けたり資料のやりとりをしたりするなどの実務を担当したのは、 事務職員であったY4でした。

　本件確定申告においては、減価償却資産（本件マンション）の償却に つき、昭和60年分から定率法が選定されていたにもかかわらず、同年 分以降も定額法による償却がされていました。また、本件確定申告にお いては、建物附属設備につき、建物本体と区分した短い耐用年数を適用

せず、これと一括して長期の耐用年数を適用したため、単年度では少額の償却をしていました。かかる処理方法（以下、「本件処理」といいます）を採用した結果、本件確定申告は、減価償却費として必要経費に算入することができる法令上の限度額のうち一部のみを必要経費に算入して、法令上の限度額まで減価償却費を算入した場合よりも課税所得を多額に申告したものとなっていました。

　そこで、X1らは、平成14年に、東京地方裁判所に対し、Cを被告として、同人が、本件確定申告を処理するにあたって、前記のような不適切な経費算入を行ったことは、Aとの間の委任契約上の債務不履行に当たり、これによってAは、所得税を過納付分の損害を被ったと主張して、損害賠償請求訴訟（以下、「先行訴訟」といいます）を提起しました。

　先行訴訟において、東京地方裁判所は、Cは、税理士であるY1〜Y5という税務の専門家に本件確定申告の方法を依頼ないし相談し、その助言に従ったのであるから、委任契約に基づく善管注意義務違反は認められないとしてCに対するX1らの請求を棄却しました。その後、X1らは東京高等裁判所に控訴しましたが、平成16年8月9日、同裁判所は控訴を棄却し、判決は確定しています。

　X1らは、Aの昭和59年分から平成7年分までの所得税確定申告手続を処理した税理士およびその補助者であるY1〜Y4を被告として、同人らが不動産所得の計算上、減価償却費を法令上の限度額よりも少額に算入して税務申告した結果、税の過納付が生じたと主張して、不法行為に基づく損害賠償請求と遅延損害金の支払を求めて本件訴訟を提起しました。

③誓約書の存在

　本事案において、Cは、Y1らに対し、平成9年と平成13年の二度にわたり誓約書（以下、「本件誓約書」といいます）を交付していました。

本件誓約書には、（ⅰ）Aの確定申告の所得計算における減価償却の定額法計算とX2の青色事業専従者給与所得についてはCがAの代理人としてY1らに依頼したものであること、（ⅱ）被告税理士らはそれらの処理について今後いかなることがあっても一切の責任を負うものではないことが記載されており、この誓約の趣旨は、Y1らは確定申告の処理に関して何らの損害賠償責任も負わないことを表明したものであるとともに、仮にY1らに何らかの損害賠償責任が生じたとしても、その損害賠償債務は免除するとの意思表示をしたものであるので、仮にY1らに何らかの損害賠償債務があったとしても、それはCの上記債務免除によって消滅している、というのが被告Y1らの主張でした。

（2）主な争点

　本件の主な争点は、CがAの代理人・後見人として税理士であるY1らに交付した誓約書によってY1らの責任が免除されるかどうかです。

（3）裁判所の判断

　裁判所は、「Cは、X1らの指摘によって、実際に行われた本件処理よりも定率法によって算入した方が必要経費を多く算入できること及び実際にAが定額法によって支払った所得税額と仮に定率法によった場合の納税額との差額を具体的に認識していた。そして、Cは、仮に裁判になった場合において、同差額がAにとっての損害として認められる場合があり得ることを認識しつつ、Y1らの損害賠償債務を負うという事態の発生を回避する目的の下に、平成9年にはA代理人として、また平成13年にはA後見人として、本件誓約書を作成、交付した。このように、Cは、本件処理によって少なくとも数額的には税金の過払いが生じていたこと及びそれが法的に損害と評価されうるものであることを認識しながら本件誓約書を作成、交付しているのであるから、これは、Y1らのA

に対する損害賠償義務の免除の意思表示と認められる。」と判断し、Cによる免責の意思表示を認めました。

また、X1らの主張のうち、無権代理の主張については代理権の範囲内として、利益相反の主張についてはAが損害賠償請求権を失うことによって代理人として誓約書を作成したCが利益を得るものではないとして、錯誤の主張については債務免除の意思表示がY1らに危険が及ぶことを回避する目的でなされており債務発生の可能性に対する認識があったことから、それぞれ認められないと判断しています。

さらに、裁判所は、X1らの、本件債務免除の意思表示は公序良俗に反するという主張についても、これに当たるような事情はないとして否定しています。

なお、裁判所は免責によりX1らの請求に理由がないことが明らかであるとして、その余の争点については判断していません。

（4）解説

本判決は、裁判所が、税理士の損害賠償責任を免除する旨の誓約書につき免責的効力を認めた点で、実務上の意義を有します。

裁判所の判断にあたって、数額的に税金の過払いが生じておりそれが法的に損害と評価され得るものであること、すなわち、損害賠償請求権の発生可能性を認識しながら本件誓約書を作成、交付していることを理由に有効な債務免除の意思表示が認められています。本件では、CがY1らの損害賠償請求権の発生可能性を一定程度具体的に認識した上でこれを回避させる目的で誓約書を作成、交付しているという事情が存するため、そうではなく単に損害賠償請求権が具体化する前の時点において抽象的に損害賠償債務の免責を定める誓約書を作成するような場合には、免責の効力が認められないと解する余地があります。

また、事前に税理士の損害賠償責任を免責する合意をしておくような

場合には、免責の意思表示が認められるときであっても、合理性を欠くものとして公序良俗（民法第 90 条）に違反し無効と判断される可能性があります。

第 **4** 章

税理士損害賠償請求の対策

1 対策（総論）

　税理士損害賠償請求への対策としては、まず、①ミスの発生を防止し（本章 2 参照）、並行して②依頼者との委任契約書において、業務内容の明確化と検討範囲の限定など損害賠償請求に対応した条項を規定しておき（本章 3 参照）、③クライアントとの関係性を確認するなど一定の事項に注意しながら業務を遂行する（本章 4 参照）ことが有益です。また、仮に、④税理士損害賠償請求の問題が発生した場合には、段階に応じて対応方法を検討することになります（本章 5 参照）。2 以下でそれぞれの項目を詳細に検討しますが、まずは概略をまとめると下表のとおりです。

【税理士損害賠償請求への対策】

①ミスの発生の防止 （本章 2 参照）	（ⅰ）ミスの内容と原因・対策の検討 ●税法等の理解の誤り 　→税法等の調査、税務当局への照会 ●税法以外（民法や契約解釈）の理解の誤り 　→各種法令の調査、各分野の専門家への照会 ●クライアントの状況の把握不十分 ●クライアントとのコミュニケーション不足 ●誤記、計算ミス、スケジュール管理の誤り （ⅱ）担当者・組織体制の構築 ●担当者は、提出書類や提出期限を一覧化してスケジュール管理する ●担当者任せにせず、複数名で担当する （ⅲ）税目ごとの対策 　税目ごとに届出書類管理台帳を作成し、届出書の有無および内容を把握できるようにしておく

②委任契約書における対応（本章3参照）	委任契約書に以下の事項を規定しておく ● 業務内容の明確化と検討する法領域の限定 ● 依頼者の資料提出義務 ● 責任の限定 ● 損害賠償額の上限
③業務遂行の際の注意点（本章4参照）	● クライアントの観察 ● クライアントとの関係性の確認 ● クライアントまたはその担当者の性質の確認 ● 案件担当者のチーム編成 ● クライアントへの説明時の注意 ● 秘密保持および情報管理 ● 証憑書類の確認
④問題発生後の対応（本章5参照）	（ⅰ）担当者に対するクレーム段階 ● メールの場合には上司を CC に入れる ● 事実関係を確認してから改めて回答する旨返信する （ⅱ）税理士事務所・法人に対するクレーム段階 ● 組織的な対応 ● 損害賠償責任の有無の法的な検討 ● 保険適用の有無の検討 ● 法律事務所への相談 （ⅲ）内容証明段階（法的な損害賠償請求の発生レベル） ● 法律事務所との対応の検討 （ⅳ）訴訟、和解手続段階

2 ミスの発生の防止

（1）総論

①ミスの内容と原因・対策

　税理士業務に伴うミスを防止するためには、ミスの内容を把握し、ミスの原因を検討した上で、ミスの発生を防止するための対策を講じることが必要です。ミスの原因は、①税法等の理解の誤り、②税法以外（民法や契約解釈）の理解の誤り、③クライアントの状況の把握不十分、④クライアントとのコミュニケーション不足、⑤誤記、計算ミス、スケジュール管理の誤りに大別することができ、それぞれに対して対策を講じることが考えられます。基本的なことですが、今一度確認してみましょう。

【ミスの内容と原因・対策】

ミスの内容	原因	対策
申告書・各種届出書等の記載内容の誤り	●税法等の理解の誤り	●税法、通達、質疑応答、各種文献やウェブサイトなどの綿密な調査、税制改正の理解、研修の受講
	●税法以外（民法や契約解釈）の理解の誤り	●各種法令の調査、各分野の専門家への照会
	●クライアントの状況を十分に把握していない	●クライアントごとに届出書類管理台帳を作成して状況を把握する

	●クライアントとのコミュニケーション不足	●クライアントとのメールや電話などでの円滑なコミュニケーション
	●誤記、計算ミス	●複数人でのチェック、申告書作成ソフトの活用
申告期限・各種届出書等の提出期限の徒過	●スケジュール管理の誤り	●申告・届出についての管理表の作成・管理 ●複数人でのチェック
申告書・各種届出書等の添付書類の添付漏れ	●税法等の理解の誤り	●税法、通達、質疑応答などの綿密な調査、税制改正の理解、研修の受講
	●不注意	●複数人でのチェック、申告書作成ソフトの活用

（ｉ）原因①：税法等の理解の誤りと対策

　税法等についての知識の不足やリサーチ不足、税制改正への理解不足などにより、税法等の理解を誤り、ミスが発生することが多発しています。対策としては、以下のように、税法や各種文献の綿密な調査をすることが考えられます。

【対策】

・税法（法律、施行令、施行規則）、通達、租税条約等の調査
・国税局電話相談センター、所轄税務署への質問・照会
・国税庁ウェブサイトの質疑応答事例や文書照会事例、Q&A の調査
・TAINS や判例検索ソフトの活用による裁判例・裁決例の調査

・各種税法のコンメンタール、各種文献（金子宏『租税法』（弘文堂）、図解シリーズや『改正税法のすべて』（大蔵財務協会）など）の調査
・税務に関する雑誌の調査
・ウェブサイトでの検索
・税理士会等での研修の受講
・上記のような調査をする習慣、所内で相談する習慣を身につける

（ⅱ）原因②：税法以外（民法や契約解釈）の理解の誤りと対策

　税理士業務では、税法のみではなく、民法や商法、会社法などの知識が必要となり、また、売買契約書や業務委託契約書など各種の契約書を解釈するなど、税法以外の知識も必要になります。税法以外の理解に誤りがあると税法を適用する前提事実の段階ですでに誤っており、誤った前提事実に正しく税法を適用したとしても、結果的に税理士業務においてミスが生じることになります。そのため、税法以外であっても業務に関連する分野については正確な理解が欠かせないと考えられます。

【対策】

・各種法令（民法、商法、会社法およびこれらの施行令や施行規則など）の調査
・各種法令を所管する省庁のウェブサイトの質疑応答や文書照会、Q&Aの調査
・判例検索ソフトの活用による裁判例の調査
・各種文献（注釈、逐条解説など）の調査
・ウェブサイトでのキーワード検索
・各種法令についての研修の受講
・各分野の専門家（弁護士、公認会計士、司法書士等）への照会
・上記のような調査をする習慣、所内で相談する習慣を身につける

（ⅲ）原因③：クライアントの状況の把握不十分と対策

　クライアントの税目ごとの申告状況や届出書、申請書の提出状況を十分に把握していない場合には、必要な検討ができず、また、適時に届出書や申請書を提出できないことになります。そのため、クライアントごとに申告・提出書類の管理台帳を作成してクライアントの申告および届出書等の状況を把握できるようにしておく必要があります。

【対策】

・クライアントごとに届出書類管理台帳を作成して状況を把握する

（ⅳ）原因④：クライアントとのコミュニケーション不足と対策

　税務申告や各種届出書の提出にあたり、申告や提出の要否の検討およびその内容を確定するためにはクライアントから必要な情報を入手する必要があります。しかしながら、クライアントとの関係が円滑ではない場合や、コミュニケーション不足により相互に誤解が生じて情報を正確に認識できていないことがあります。また、税理士事務所側やクライアント側での担当者の交代の際に十分な引継ぎがなされず、後任の担当者が申告や届出書などの状況を把握しないまま、間違った対応をすることもあります。そのため、クライアントとの間で十分なコミュニケーションをとること、また、数字や金額などの情報を取得する場合にはなるべくメールで、他方、さまざまな事情について質疑応答する必要がある場合には面会や電話など、適切な方法でコミュニケーションをとることが重要です。

【対策】

・面会、メールや電話など、適切な方法でのクライアントとの円滑なコミュニケーションの確保

・税理士事務所側、クライアント側の担当者が変更する場合の十分な引継ぎ

（ⅴ）原因⑤：誤記、計算ミス、スケジュール管理の誤りと対策

　税理士業務の過程では、誤記、計算ミス、スケジュール管理の誤りなど、ヒューマンエラーが発生することは避けられません。担当者任せにせずに、複数人で帳簿や申告書の内容をチェックし、また、申告書作成ソフトを活用するなどしてヒューマンエラーが発生する可能性をできる限り低減させることが必要です。

【対策】

・複数人でのチェック

・申告書作成ソフトの活用

②担当者・組織体制、クライアントとの関係などの対策

　税理士事務所の担当者や組織体制、クライアントとの関係など、それぞれの場面ごとにミスの発生防止の対策を検討すると、以下のようになります。これらのうち一部の対策を講じるだけでは不十分であり、各場面においてミスの発生防止のための対策を講じて複層的に対応することによりミスの発生を最小化することができます。

【ミスの発生防止のための対策】

場面	注意点
担当者	●チェックシート、届出書類管理台帳などを活用し、思い込みやうっかりを防止する ●提出書類、提出期限を一覧化してスケジュール管理をする ●研修等により税法の知識の習得を怠らず、税制改正をチェックする ●担当者の交代の際には綿密に引継ぎをする

組織体制	●担当者任せにせず、複数名で担当し、二重、三重のチェック体制を構築する ●定期的に担当者を交代させて新しい視点で確認する ●問題事例が埋もれないように所内の風通しを良くする ●公表されている税賠事例について分析し、再発防止策を検討する
クライアントとの関係	●クライアントと密接なコミュニケーションをとり、情報を収集しやすくする ●早めに申告準備に取り掛かる。また、申告書案を早めにクライアントに提出して十分に確認してもらう ●事前に申告書の内容やリスクを十分に説明し、説明内容やクライアントの選択を書面（メールも含む）に残しておく
その他	●届出書類管理台帳などを用いて、過去の申告状況、各種届出書の提出状況などを確認する ●税額等のシミュレーションについては、前提事項や留保事項を明記し、リスクなどを分かりやすく記載しておく

③ミスの発生と対策の具体例

　次頁の表は、相続税の申告に関して税理士に国籍法の規定を確認する義務を認めた事例（第3章1参照）をもとに、ミスの内容と原因、対策を検討したものです。ミスが生じた場合には、このように事案の概要、ミスの内容、原因、対策を簡潔にまとめて集積することにより、将来同様のミスが発生した場合の参考にすることができます。

事案の概要	●相続税の申告の代理を委任された税理士は、相続人が外国籍を取得したことを認識しながら、国籍法の規定を調査せず、国籍法第11条により外国籍を取得した場合には自動的に日本国籍を喪失することを認識していなかった。
	●相続人は日本国籍を有せず、かつ、被相続人の死亡時に日本国内に住所を有しなかったため、制限納税義務者に該当し、相続債務については、一定の例外を除き、相続により承継したとしても相続税法上債務控除できない（相続税法第13条第2項）。しかしながら、当該税理士は、日本国籍を有しなかったことを認識していなかったため、本来であれば債務控除の対象とならない相続債務についても債務控除をし、結果として、過大な債務控除をして相続税の申告をした。その後、納税者は、過大な債務控除を修正し、過少申告加算税、延滞税を納税した。
	●裁判所は、当該税理士等に、必要な事実関係の究明をすべき義務に違反したとして、過少申告加算税、延滞税、訴訟費用（弁護士費用）の一部について、債務不履行責任および不法行為責任があると認めた。
ミスの内容	●税理士は国籍法の規定を調査せず、相続人が日本国籍を有しない制限納税義務者であり、原則として相続債務を承継しても債務控除できないにもかかわらず、相続債務を債務控除して相続税の申告をした。
原因	●税理士は、相続税法における納税義務者の確認に関連して、国籍の有無を調査すべきところ、国籍法の規定を十分に調査しなかった。
対策	●相続税法における納税義務者の定義を十分に確認し、国籍の有無に注意する必要がある。
	●国籍の有無に関しては国籍法に規定されていることから、国籍法も調査する必要がある。

●納税者から国籍の有無について聴取し、国籍の有無を含めた納税者の相続税法上の立場（制限納税義務者であるか否かなど）についての確認書を徴求しておく。

（2）税目ごとの対策

　税目ごとに申告書や提出書類が異なり、また、第1章で解説したように税理士損害賠償責任の問題は税目ごとに特徴があるため、税目ごとに対策を検討することも有意義です。ここでは、所得税、法人税、消費税を取り上げて対策を検討します。

①所得税

　所得税関連での主要な申告書や届出書には以下のようなものがあり、非常に多岐にわたる申告書や届出書を提出することがあるため、クライアントごとに所得税届出関係管理台帳を作成し、届出書や税務署受領日、適用開始日を一覧にして把握できるようにする必要があります。

【所得税関係の主要な提出書類】

申告所得税関係	申告所得税の確定申告書
	所得税の予定納税額の減額申請書
	個人事業の開廃業等届出書
	所得税・消費税の納税管理人の届出書
	所得税の青色申告承認申請書
	所得税の青色申告の取りやめ届出書
	青色事業専従者給与に関する届出書
	青色事業専従者給与に関する変更届出書
	所得税の棚卸資産の評価方法の届出書
	所得税の減価償却資産の償却方法の届出書

	所得税の棚卸資産の特別な評価方法の承認申請書
	年末調整のための住宅借入金等特別控除関係書類の交付申請書
	転任の命令等により居住しないこととなる旨の届出書
源泉所得税関係	給与所得者の扶養控除等（異動）申告書
	給与支払事務所等の開設・移転・廃止届出書
	源泉所得税の納期の特例の承認に関する申請書
	源泉所得税の納期の特例の要件に該当しなくなったことの届出書
	源泉所得税の年末調整過納額還付請求書
	源泉所得税の誤納額還付請求書
源泉所得税（租税条約）関係	租税条約に関する届出書（配当に対する所得税の軽減・免除）など
	租税条約に関する源泉徴収税額の還付請求書
譲渡所得税関係	租税特別措置法第 40 条の規定による承認申請書

【所得税届出関係管理台帳の例】

所得税届出関係管理台帳

関与先名

事業年度　　年　月　日〜　　年　月　日

届出書・申請書	初回届出		変更届出		備考
	税務署受領日	適用開始日	税務署受領日	適用開始日	

②法人税

　法人税関係では、以下のような主要な提出書類があり、法人の税務申告に影響を与えるため提出漏れや誤りがあるとその金銭的影響も大きくなりがちです。そのため、対策としては所得税と同様、クライアントごとに法人税届出関係管理台帳を作成し、届出書や申請書の税務署受領日と適用開始日を一覧にして提出関係を把握できるようにしておく必要があります。

【法人税関係の主要な提出書類】

法人税の確定申告書
法人設立届出書
異動届出書
納税管理人届出書
申告期限の延長申請書
青色申告の承認申請書
棚卸資産の評価方法の届出書
減価償却資産の償却方法の届出書
特別な償却方法の承認申請書
欠損金の繰戻しによる還付請求書

【法人税届出関係管理台帳の例】

法人税届出関係管理台帳

関与先名
事業年度　　年　月　日～　　年　月　日

届出書・申請書	初回届出		変更届出		備考
	税務署受領日	適用開始日	税務署受領日	適用開始日	

③消費税

　第1章で税理士損害賠償請求の事故原因として取り上げたように、消費税では、各種の選択と届出書の提出が必要とされており、提出の失念により最も事故が発生しやすい税目であるため注意が必要です。

【消費税関係の主要な届出書】

	届出が必要な場合	届出書名	提出期限等
課税事業者の選択	基準期間における課税売上高が1,000万円超となったとき	消費税課税事業者届出書（基準期間用）（第3-(1)）号様式）	事由が生じた場合速やかに
	特定期間における課税売上高が1,000万円超となったとき	消費税課税事業者届出書（特定期間用）（第3-(2)）号様式）	事由が生じた場合速やかに

	基準期間における課税売上高が1,000万円以下となったとき	消費税の納税義務者でなくなった旨の届出書（第5号様式）	事由が生じた場合速やかに
簡易課税制度	簡易課税制度を選択しようとするとき	消費税簡易課税制度選択届出書（第9号様式）	適用を受けようとする課税期間の初日の前日まで
	簡易課税制度の選択をやめようとするとき	消費税簡易課税制度選択不適用届出書（第25号様式）	適用をやめようとする課税期間の初日の前日まで
課税事業者と免税事業者の選択	免税事業者が課税事業者になることを選択しようとするとき	消費税課税事業者選択届出書（第1号様式）	選択しようとする課税期間の初日の前日まで
	課税事業者を選択していた事業者が免税事業者に戻ろうとするとき	消費税課税事業者選択不適用届出書（第2号様式）	選択をやめようとする課税期間の初日の前日まで
課税期間の特例	課税期間の特例の適用を受けるとき	消費税課税期間特例選択届出書（第13号様式）	特例を受けようとする課税期間の初日の前日まで
	課税期間の特例の適用をやめようとするとき	消費税課税期間特例選択不適用届出書（第14号様式）	特例の選択をやめようとする課税期間の初日の前日まで
課税売上割合に準ずる割合の適用	課税売上割合に準ずる割合の適用の承認を受けようとするとき	消費税課税売上割合に準ずる割合の適用承認申請書（第22号様式）	承認を受けようとするとき（適用を受けようとする課税期間の末日までに承認申請書を提出）

	課税売上割合に準ずる割合の適用を取りやめようとするとき	消費税課税売上割合に準ずる割合の不適用届出書（第23号様式）	課税売上割合に準ずる割合の適用を取りやめようとする課税期間の末日まで

　消費税の申告については、国税庁ホームページの「消費税申告チェックシート〈国、地方公共団体及び公共法人用〉」にまとめられていますので活用すると良いでしょう（次頁以降に掲載します）。また、日税連保険サービスのホームページにも、「自己診断チェックリスト」が掲載されています（こちらは、消費税以外のチェックリストもあります）。

令和 4 年 4 月 1 日以後納了課税期間分

消費税申告チェックシート＜国、地方公共団体及び公共法人用＞

対 象 期 間	（自）令和　　年　　月　　日	担 当 者	役職：
	（至）令和　　年　　月　　日		役職：
確 認 日			

　このチェックシートは、誤りが生じやすいと認められる事項について取りまとめたもので、皆様が申告書の作成及び提出をするにあたり、その内容の自主的な点検にご活用いただくことを目的として作成しております。
　皆様の適正申告に資するためにご提供するものですので、当局へ提出していただく必要はありません。

（注）　Ａ欄には「消費税のあらまし」（令和 4 年 6 月）の主な関連ページ、Ｂ欄には「国、地方公共団体や公共・公益法人等と消費税」（令和 4 年 6 月）の主な関連ページをそれぞれ記載しております。

チ　ェ　ッ　ク　ポ　イ　ン　ト	チェック欄 適 否 無	A	B
Ⅰ　納税義務		18	2
1　消費税の納税義務者に該当しますか。			
以下のいずれかに該当する場合には消費税の納税義務があります。			
①基準期間の課税売上高が1,000万円を超える場合		7	
②特定期間の課税売上高が1,000万円を超える場合	□ □ □	19	2
※特定期間における1,000万円の判定は、課税売上高に代えて、給与等支払額の合計額によることもできます（いずれの基準で判断するかは納税者の任意です。）。			
③「消費税課税事業者選択届出書」を提出し、適用課税期間が開始している場合		21, 58	
④新設法人の特例、高額特定資産を取得した場合等の特例等により事業者免税点制度が制限される場合		22, 23, 58	
Ⅱ　課税売上げ		7, 8	
2　対価性のある負担金、分担金等の収入を課税売上げに含めていますか。			
各事業の実施に伴う役務の提供と負担金等との間に明白な対価関係がある場合には、当該負担金等は課税売上げに含める必要があります。	□ □ □	10［3］	
3　建物などの資産（土地は除きます。）を売却した場合、譲渡対価の額が課税売上げとなりますが、売却益を課税売上げとしていませんか。又は、売却損を課税仕入れとしていませんか。	□ □ □		
4　非課税とした土地の貸付けに、貸付けに係る期間が 1 か月未満の場合や駐車場等の施設利用に伴って土地が使用される場合などの課税売上げに係る土地の貸付けが含まれていませんか。	□ □ □	12［1］	
5　非課税とした住宅の貸付けに、貸付けに係る期間が 1 か月未満の場合などの課税売上げとなる住宅の貸付けが含まれていませんか。	□ □ □	14［13］注11	
6　非課税とした行政手数料等に、法令に定められていない事務に係る手数料などの課税売上げとなる行政手数料等が含まれていませんか。	□ □ □	13［5］-①	
7　対価補償金以外の補償金は不課税ですが、課税売上げとしていませんか。	□ □ □		
例えば、水道管移設補償金、ガス管移設補償金などの資産の移転に要する費用の補填に充てるものとして交付される補償金は不課税です。			
8　資産の譲渡等の時期は適切ですか。			
例えば、棚卸資産の譲渡については引渡しのあった日、資産の貸付けについては使用料等の支払を受けるべき日、役務の提供については目的物の全部を完成して引き渡した日又は役務の提供の全部を完了した日が資産の譲渡等の時期となります。	□ □ □	26 65［2］	3
ただし、国又は地方公共団体が行った資産の譲渡等の時期については、それぞれ予算決算及び会計令又は地方自治施行令の規定により、その対価を収納すべき会計年度の末日において行われたものとすることができます。また、消費税法別表第三に掲げる公共法人等についても、国又は地方公共団体に準ずる法人として納税地の所轄税務署長の承認を受けた場合には、その対価を収納すべき課税期間の末日に行われたものとすることができます。			
Ⅲ－①　課税仕入れ（全般）		7, 28	
9　簡易課税制度の適用はありますか。			
簡易課税制度が適用される場合、実際の課税仕入れ等に係る消費税額を計算する必要はありませんので、以下「Ⅲ課税仕入れ」の検討は不要です。	□ □ □	28, 38	
なお、基準期間の課税売上高が5,000万円を超える場合は簡易課税制度は適用されません。			
10　課税仕入れ等の事実を区分経理して記載した帳簿等を保存していますか。		32［3］ 34［4］ 35［5］ 47［5］ 64	16 63
課税仕入れ等の事実を記録し、区分経理（取引等を税率の異なるごとに区分して記帳するなどの経理）に対応した帳簿及び課税仕入れ等の事実を証する区分記載請求書等の保存がない場合、その保存がない課税仕入れ等に係る消費税額については、仕入税額控除の適用を受けることができません。	□ □ □		

消費税申告チェックシート＜国、地方公共団体及び公共法人用＞

チ　ェ　ッ　ク　ポ　イ　ン　ト	チェック欄 適 否 無	A	B
Ⅲ－②　課税仕入れ（課否判定・計上時期）		7，8	
11　給与等を対価とする役務の提供は不課税ですが、課税仕入れとしていませんか。	□ □ □	7	
12　出向者を受け入れている場合に出向元に支払う給与負担金は不課税ですが、課税仕入れとしていませんか。	□ □ □		
13　通勤手当、出張旅費、宿泊費、日当等のうち、通勤や旅行に通常必要と認められない部分は給与に該当するため不課税ですが、課税仕入れとしていませんか。	□ □ □		
14　海外出張に係る旅費、宿泊費、日当等は免税又は不課税ですが、課税仕入れとしていませんか。 　　国内出張旅費（鉄道運賃や宿泊費等）を他の海外出張旅費と区分しているときは、その国内出張旅費については課税仕入れとして取り扱って差し支えありません。	□ □ □		
15　商品券、ギフト券、旅行券等の購入対価は非課税ですが、課税仕入れとしていませんか。 　　商品券等を使って商品の購入をしたり、サービスの提供を受けた場合には、その対価は課税仕入れとなります。	□ □ □	13［4］	
16　信販会社へ支払うクレジット手数料は非課税ですが、課税仕入れとしていませんか。	□ □ □		
17　損害賠償金の支払いは不課税ですが、課税仕入れとしていませんか。 　　解約手数料や取消手数料などは、解約等の請求に応じて行われる役務提供の対価である場合には、課税仕入れとなります。	□ □ □		
18　同業者団体や組合等に支払った通常会費や一般会費は不課税ですが、課税仕入れとしていませんか。	□ □ □		
19　車両等の買換えを行った場合に、購入額から下取額を控除した金額を課税仕入れとしていませんか。 　　資産の買換えにおいては、課税資産の譲渡等（旧車両等の譲渡（下取り））と課税仕入れ（新車両等の購入）の二つの取引が同時に行われていますので、下取額が課税売上げ、購入額が課税仕入れとなります。	□ □ □		
20　資産の引渡しを受けていない又は役務の提供が完了していないにもかかわらず支払時の課税仕入れとしていませんか。 　　国又は地方公共団体が行った課税仕入れ等の時期については、それぞれ予算決算及び会計令又は地方自治法施行令の規定により、その費用の支払をすべき会計年度の末日において行われたものとすることができます。また、消費税法別表第三に掲げる公共・公益法人等についても、国又は地方公共団体に準ずる法人として納税地の所轄税務署長の承認を受けた場合には、その費用の支払をすべき課税期間の末日に行われたものとすることができます。	□ □ □	26 65［2］	3
21　建設工事等において目的物の引渡し又は役務提供の完了を伴わずに支払った着手金、中間金、前渡金等を課税仕入れとしていませんか。 　　建設工事等において、出来高を検収した上で出来高検収書を作成し、それに基づき代金を支払うこととしている場合には、その支払時において課税仕入れとすることができます。	□ □ □	26	
Ⅲ－③　課税仕入れ（課税売上割合）		29［1］	
22　消費税額及び地方消費税額を課税売上割合の計算の際の分母、分子に含めていませんか。	□ □ □	7 注16 29［1］	
23　国外取引に係る対価の額、配当金収入、保険金収入等の不課税取引の額を課税売上割合の計算の際の分母、分子に含めていませんか。	□ □ □	29注2	
24　売上対価の返還等の額を課税売上割合の計算の際の分母、分子から控除していますか。	□ □ □	7 29［1］	
25　分母に含める有価証券や金銭債権の譲渡対価の額について、当該譲渡対価の全額ではなく5％に相当する金額としていますか。	□ □ □	29［1］	
26　算出された課税売上割合について、端数を切り上げていませんか。 　　課税売上割合は、原則端数処理できませんが、任意の位以下の端数の切り捨ては認められます。	□ □ □		
Ⅲ－④　課税仕入れ（控除対象仕入税額）		30［2］	
27　課税仕入れに係る消費税額を課税仕入れに係る支払対価の額の8％（軽減税率）又は10％（標準税率）相当額としていませんか。 　　課税仕入れに係る消費税額は、課税仕入れに係る支払対価の額（税込み）に6.24/108（軽減税率）又は7.8/110（標準税率）を乗じて算出します。また、旧税率（3％、4％又は6.3％）が適用された取引がある場合には、それぞれ3/103、4/105又は6.3/108を乗じて算出します。	□ □ □	30［2］	

令和4年4月1日以後終了課税期間分

消費税申告チェックシート＜国、地方公共団体及び公共法人用＞

チェックポイント	チェック欄 適 否 無	A	B
28　課税売上高が5億円超又は課税売上割合が95%未満であるにもかかわらず、課税仕入れ等に係る消費税額の全額を仕入税額控除の対象としていませんか。	□ □ □	30[2]②	
29　個別対応方式により仕入控除税額を計算する場合において、「課税資産の譲渡等にのみ要するもの」に「その他の資産の譲渡等にのみ要するもの」又は「課税資産の譲渡等とその他の資産の譲渡等に共通して要するもの」を含めていませんか。	□ □ □	30[2]②	
「その他の資産の譲渡等にのみ要するもの」には、例えば、販売用の土地の造成費用、賃貸住宅の建築費用、有価証券の売買手数料等が該当し、「課税資産の譲渡等とその他の資産の譲渡等に共通して要するもの」には、例えば、両者に共通して使用される資産の取得や、福利厚生費、消耗品費、電話料金、電気料金、ガス料金、水道料金等が該当します。	□ □ □		
30　課税売上割合が95%未満であるにもかかわらず、特定課税仕入れ（例えば、国外事業者が行うネット広告の配信等）に係る支払対価の額を仕入税額控除の対象外としていませんか。 又は、課税売上割合が95%以上であるにもかかわらず、特定課税仕入れに係る支払対価の額を仕入税額控除の対象としていませんか。	□ □ □	45[3] 46[4]	
課税売上割合が95%未満である場合には、特定課税仕入れに係る支払対価の額を課税標準額にも含める必要があります。			
31　登録国外事業者以外の国外事業者から受けた「消費者向け電気通信利用役務の提供」を仕入税額控除の対象としていませんか。	□ □ □	47[6]	
Ⅲ－⑤　課税仕入れ（特定収入）		66	4
32　租税、補助金、交付金、寄附金、出資に対する配当金、保険金、損害賠償金、負担金（対価性のないものに限ります。）、他会計からの繰入金（対価性のないもので、国、地方公共団体に限ります。）、会費等（対価性のないものに限ります。）、喜捨金等（対価性のないものに限ります。）は特定収入に該当しますが、特定収入から除いていませんか。	□ □ □	66	6
33　法令又は交付要綱等において特定支出に充てるよう使途が特定されている補助金等は特定収入に該当しませんが、特定収入に含めていませんか。	□ □ □	66	6
「特定支出」とは、課税仕入れに係る支出以外の支出等をいい、例えば、給与、利子、土地購入費などが該当します。			
34　通常の借入金等は特定収入に該当しませんが、特定収入に含めていませんか。	□ □ □	66	6、7
「通常の借入金等」とは、借入金及び債券の発行に係る収入においてその返済又は償還のための補助金、負担金等の交付を受けることが規定されているもの以外のものをいいます。			
35　特殊な借入金等のうち、法令において特定支出のためにのみ使用するとされているものは特定収入に該当しませんが、特定収入に含めていませんか。	□ □ □	66	6、7
「特殊な借入金等」とは、借入金及び債券の発行に係る収入で、法令においてその返済又は償還のための補助金、負担金等の交付を受けることが規定されているものをいいます。			
36　通常の借入金等が特定支出のためにのみ使用される場合で、借入れ後に法令、交付要綱等でその借入金等の返済のためにのみ使途を特定された補助金等が交付されたとき、その補助金等は特定収入に該当しませんが、特定収入に含めていませんか。	□ □ □		7
37　特殊な借入金等の借入れ後に法令、交付要綱等でその借入金等の返済のためにのみ使途を特定された補助金等が交付された場合、その補助金等は特定収入に該当しませんが、特定収入に含めていませんか。	□ □ □		7
38　消費税の還付金は特定収入に該当しませんが、特定収入に含めていませんか。また、消費税の還付加算金は特定収入に該当しますが、特定収入から除いていませんか。	□ □ □		20
39　補助金等の繰越金は、実際に収受した年度において特定収入に該当するか否かの判定を行うことになりますが、歳入として受け入れた年度で特定収入の判定を行っていませんか。	□ □ □		18
40　免税事業者である課税期間に通常の借入金等を財源として課税仕入れを行っている場合において、当該借入金等の返済に充てるための補助金等は特定収入に該当しませんが、特定収入に含めていませんか。	□ □ □		17
41　国外取引に係る対価の額を特定収入割合の計算の際の分母から除いていませんか。	□ □ □		4
課税売上割合の計算とは異なり、特定収入割合の計算では国外取引に係る対価の額を計算に含める必要があります。			
42　売上対価の返還等の額を特定収入割合の計算の際の分母から除いていませんか。	□ □ □		
課税売上割合の計算とは異なり、特定収入割合の計算では売上対価の返還等の額を控除する必要はありません。			

111

消費税申告チェックシート＜国、地方公共団体及び公共法人用＞

	チェックポイント	適	否	無	A	B
43	有価証券や金銭債権の譲渡対価について、当該譲渡対価の全額ではなく5％に相当する金額を特定収入割合の計算の際の分母に含めていませんか。	□	□	□		
	課税売上割合の計算とは異なり、特定収入割合の計算では有価証券や金銭債権の譲渡対価の全額を計算に含める必要があります。					
44	特定収入割合が5％超であるにもかかわらず、課税仕入れ等の消費税額の全額を仕入税額控除の対象としていませんか。	□	□	□		4（3）11（6）
45	使途不特定の特定収入がある場合に、調整割合による調整計算を行っていますか。	□	□	□		
	「使途不特定の特定収入」とは、課税仕入れ等に係る特定収入以外の特定収入をいい、例えば、寄附金収入、出資に対する配当金収入、保険金収入等が該当します。					6.12
46	令和元年10月1日前に借入金等を財源として旧税率6.3％が適用される課税仕入れを行い、当該借入金等の返済のために補助金等が同日以後交付された場合に、当該補助金等が交付された課税期間における特定収入に係る仕入控除税額の調整計算は、課税仕入れ等に係る特定収入に6.3/108を乗じて計算していますか。	□	□	□		22

Ⅳ　その他

	チェックポイント	適	否	無	A	B
47	電子申告義務がある法人（当課税期間開始のときにおける資本金の額又は出資の金額等が1億円を超える公共・公益法人等、国及び地方公共団体（地方公営企業を含む。））の場合、消費税及び地方消費税の申告書並びにこれらの申告書に添付すべきものとされている書類の全てを電子申告により提出しようとしていませんか。	□	□	□	52	16
48	申告書の添付書類等に漏れはありませんか。					
	＜一般用申告書・簡易課税用申告書　共通＞ ・申告書第二表（課税標準額の内訳書） 　申告書第一表とともに提出するものです。	□	□	□		
	＜一般用申告書＞ ・付表1-3（税率別消費税額計算表　兼　地方消費税の課税標準となる消費税額計算表） 　一般用申告書に添付するものです。ただし、旧税率（3％、4％又は6.3％）が適用された取引がある場合には、付表1-1及び付表1-2を使用することになります。 ・付表2-3（課税売上割合・控除対象仕入税額等の計算表） 　一般用申告書に添付するものです。ただし、旧税率（3％、4％又は6.3％）が適用された取引がある場合には、付表2-1及び付表2-2を使用することになります。 ・消費税の還付申告に関する明細書 　消費税の還付申告書を提出する場合に添付するものです。	□	□	□	56〔3〕	
	＜簡易課税用申告書＞ ・付表4-3（税率別消費税額計算表　兼　地方消費税の課税標準となる消費税額計算表） 　簡易課税用申告書に添付するものです。ただし、旧税率（3％、4％又は6.3％）が適用された取引がある場合には、付表4-1及び付表4-2を使用することになります。 ・付表5-3（控除対象仕入税額等の計算表） 　簡易課税用申告書に添付するものです。ただし、旧税率（3％、4％又は6.3％）が適用された取引がある場合には、付表5-1及び付表5-2を使用することになります。	□	□	□	56〔3〕	
49	特定収入がある場合に、「特定収入に係る課税仕入れ等の税額の計算表」を利用して控除対象仕入税額を算出していますか。	□	□	□		61
	「特定収入に係る課税仕入れ等の税額の計算表」は国税庁ホームページに掲載していますので是非ご利用ください。					
50	法令又は交付要綱等により使途が特定されない補助金等について、消費税法基本通達16－2－2(2)に基づき、国又は地方公共団体が合理的な方法により補助金等の使途を明らかにした文書によって使途を特定している場合、その補助金等の使途を明らかにした文書を申告書に添付していますか。	□	□	□		10
	消費税確定申告書とともに「使途を明らかにした文書」を提出する必要があります。					
51	一般用申告書及びその添付書類は正しく記載されていますか。					
	申告書第一表①欄の金額は、付表1-3①C欄（又は付表1-1①F欄）の金額と一致していますか。	□	□	□		
	申告書第一表⑥欄の金額は、貸倒れとなった売掛金等（税込額）の額の6.24/108又は7.8/110相当額（貸倒れとなった課税資産の譲渡を行った期間に応じて3/103、4/105又は6.3/108相当額）を記載していますか。 　また、不課税取引又は非課税取引（貸付金等）に係る貸倒れについて控除の対象としていませんか。	□	□	□		
	申告書第一表⑩欄及び㉑欄の金額について、それぞれの金額の配賦誤りや、中間申告11回分の記載漏れはありませんか。	□	□	□		
	申告書第一表⑰欄又は⑱欄の金額は、それぞれ⑧欄又は⑨欄の金額と一致していますか。	□	□	□		

column

税理士の対応が悪質だった事例

　筆者は税務調査対応や税務訴訟、タックスプランニングを主たる業務としており、税務申告を行うことは稀ですが、税理士が多数の税務申告を抱えて申告期限が迫るなかで業務に追われている際の心情は理解できます。そのため、率直に言えば、誠実に税理士業務を行いながらも過失によりミスが生じてしまったような事案については、損害賠償請求をすることに躊躇することもあります。特に、依頼者（クライアント）側に多少の落ち度がある場合には、そのように感じることが多いです。もっとも、税理士が相当に悪質であり、当然に損害賠償請求をしなければならないような事例もあるので、本項ではそのような事例を紹介したいと思います。

　ある外国法人が日本子会社を清算して撤退することになり、外国人は本国に戻り、日本人は転職などして役職員がいなくなった後、解散前に日本の顧問税理士が代表取締役に就任し、清算業務をこの顧問税理士が担当することになりました。もっとも、解散決議と登記はしたようですが、すでに財産や人員の整理などは済んでいたため、その後、特に清算業務は進められずに、会社は休眠状態のまま数年間にわたり放置されてきました。

　この間、当該税理士は代表取締役としての報酬を自ら決めて受領し、また、税務申告の報酬も自ら決めて申告業務を行い報酬を受領してきました。日本子会社は休眠状態ですが、役員報

酬および申告報酬は、事業を継続している会社と同程度の金額でした。当該税理士は、外国法人には何も報告せず、また、外国法人側でも担当者の変更などもあって、日本子会社を解散した後は放置してきたようでした。

　その後、外国法人の担当者が再び変更となって、日本子会社の現状を確認することになり、当職が依頼を受けて調査したところ、解散当時にあった現預金が役員報酬と税理士報酬でほぼ費消されたことが判明しました。

　そもそも、株主である外国法人の意向を聞かずに代表取締役が独断で取締役の報酬を決めることはできませんし、また、代表取締役が税理士を兼任して税務申告の報酬を決定することは会社法上の利益相反行為に該当します。それにもかかわらず、必要な手続を踏まずに多額の役員報酬と税理士報酬を数年にわたって受領し続けてきたことは、会社法、税理士倫理上も非常に問題です。そのため、名目上の代表取締役としての役員報酬と休眠会社の税務申告として相当の報酬は認めることとし、それらを上回る部分の金額について返還を請求しました。

　外国法人としては、会社の解散・清算の制度が日本と外国では異なるため、日本での手続が十分に分からなかったようですが、それに付け込むような形で税理士が多額の報酬を受領することはあってはならないと考えます。外国法人に適切な手続を説明した上で、一般的な相場に従った報酬を請求すべき事例でした。

3　委任契約書における対応

（1）総論

　依頼者と締結する委任契約書について、税理士事務所または税理士法人では、「業務契約書」という名称でひな型が用意されていることが多いようです。委任契約は、依頼者と税理士または税理士法人の間の基本的な法律関係を規律する重要な契約となるため、業務内容や業務の範囲を確定し、業務遂行の方法を決めておくだけでなく、依頼者からの損害賠償請求を未然に防止し、またはその損害賠償額を抑えるという意味でも、各条項の意味を理解した上で、適切な条項を委任契約書に規定し、事前に準備しておく必要があります。

　本章では、依頼者からの損害賠償請求を未然に防止し、またはその損害賠償額を抑えるという観点から、委任契約書に規定しておくべき各条項（①業務内容の明確化と検討する法領域の限定、②依頼者の資料提出義務、③責任の限定、④損害賠償額の上限）を説明し、その後に実際に依頼者との間で委任契約を締結する際の方法や留意点を説明します。

（2）委任契約書の各条項

①業務内容の明確化と検討する法領域の限定

　業務内容の明確化と検討する法領域の限定について、依頼者を甲、税理士を乙とした場合の条項の例は次頁のとおりです。

第○条（業務の内容）

　甲が乙に対して委任する業務（以下、「本件業務」という）の詳細は以下のとおりとする。なお、本条に規定のない事項については、甲乙協議して決定する。

〔業務〕

- 甲の法人税、事業税、住民税および消費税の税務書類の作成ならびに税務代理業務の他、甲の年末調整事務および法定調書作成事務に係る書類の作成ならびに手続代理業務
- 甲の税務調査の立会い
- 甲の税務相談
- 甲の総勘定元帳および試算表の作成ならびに決算
- 甲の会計処理に関する指導および相談

〔検討する法領域〕

- 日本の税法および租税条約の解釈に限定する

次に、それぞれ説明していきます。

（i）業務内容の明確化

　まず、依頼者から受任する業務内容（税務書類の作成および税務代理業務、年末調整事務および法定調書作成業務に係る書類の作成、手続代理業務、税務調査の立会い、税務相談等）を明確に規定する必要があります。また、どこまでを税理士事務所または税理士法人が対応し、どこからを依頼者が対応するのかといった点も規定しておくと良いと考えられます。

　依頼者はこれらの点をあまり区別せずに、「お願いしたことプラスアルファぐらいをやってくれるのだろう」と思い込んでいることが少なくないため、将来において食い違いが生じることを防止する見地からも、

業務内容や依頼者との責任の分担を委任契約書に明記しておく必要性は高いといえます。

（ⅱ）検討する法領域の限定

　業務内容を明確化することに加えて、その検討する法領域を国内税法（および租税条約の解釈）などに限定する必要があります。

　中小企業から顧問として依頼を受ける場合には、税理士が税務申告や税務相談等の税務分野のみならず、例えば取締役会や株主総会の手続等の会社法の分野や、依頼者と第三者間の契約関係等の契約法の分野についても相談され、アドバイスを求められることも少なくないようです。税理士は税務の専門家であるため、それらの相談のうち先端的な法律問題等は責任をもって答えられないこともあります。そのため、検討する法領域を税務分野に限定し、そのような限定を委任契約書にも明記しておくことが重要です。また、会社法や契約法等の法分野については弁護士に依頼する、または弁護士と協働することも重要です。

　さらに、税務分野に関する検討でも、その検討する法領域を国内税法（および租税条約の解釈）に限定する必要があります。当然、国内税法には対応する必要がありますが、しばしば、依頼者から国外税法についても検討してほしいと要望されることがあります。例えば源泉徴収関係の相談では、外国法人に源泉徴収義務があるか否かが問題になることがあり、国外税法を検討する必要が生じます。このような場合に、国外税法に関する検討にまで責任を負うことをあらかじめ回避するためには、委任契約書で検討範囲を国内税法（および租税条約の解釈）に限定するほか、依頼者から相談された際には、「海外での支払に伴う源泉徴収義務の要否が問題になっており、国外税法を検討する必要があります。提携している国外の税理士法人に検討を依頼する必要があります」等とアドバイスすることが考えられます。

②依頼者の資料提出義務

依頼者の資料提出義務に関する条項の例は、次のとおりです。

第○条（資料等の提供および責任）

（1）　甲は、業務の遂行に必要な説明、書類、記録その他の資料（以下、「本件資料等」という）をその責任と費用負担において乙に提供しなければならない。

（2）　本件資料等は、乙の請求があった場合には、甲は速やかに乙に提出しなければならない。資料等の提出が乙の正確な業務遂行に要する期間を経過した後であるときは、それに基づく不利益は甲において負担する。

（3）　甲の資料等の提供不足、誤りその他の事由に基づく不利益は、甲において負担する。

税務書類の作成やタックスプランニングにおいては、前提となる事実関係の把握が重要となります。そして、依頼者に関連する資料は依頼者自身に提出してもらうことが最も正確で効率的です。もっとも、税務書類の提出期限直前に依頼者が資料を提出した場合、検討時間が短くなり、誤りが起きやすくなります。

そのため、委任契約書に、①依頼者に適時の資料提出義務を負わせること、②依頼者の資料提出が遅れた場合には、依頼者が不利益を被るおそれがあることを規定することは、依頼者との責任の分担の観点からも重要といえます。依頼者の資料提出義務については、すでに委任契約書に規定している税理士事務所または税理士法人が多いようです。

③責任の限定

責任の限定に関する条項の例は、次のとおりです。

> 第〇条（損害賠償）
>
> 　甲は、本契約に関し、乙の故意または重大なる過失により損害を被った場合、乙に対して、直接かつ現実に生じた通常の損害に限り、損害賠償を請求することができる。

　委任契約書に責任を限定する条項（以下、「責任限定条項」といいます）を規定することも、依頼者からの損害賠償請求が訴訟に発展した際の敗訴リスクを軽減するという観点から重要です。最近では、責任限定条項を委任契約書に規定している事務所も増えているようです。

　責任限定条項は下記④と同様に公序良俗（民法第90条）との関係で有効性が問題となり得るため、留意する必要があります。また、依頼者が個人の場合には、消費者契約法上、故意・重過失の場合には、責任を限定する条項が無効となる点にも留意する必要があります。

④損害賠償額の上限

　損害賠償額の上限に関する条項の例は、次のとおりです。

> 第〇条（損害賠償）
>
> 　甲は、本契約に関し、乙の責めに帰すべき事由により損害を被った場合、乙に対して、直接かつ現実に生じた通常の損害に限り、損害賠償を請求することができる。ただし、損害賠償の額は、乙が甲から本契約に関して受領した報酬額を上限とする。

　タックスプランニングでは、節税額に比べて報酬は高額とはいえず、一方でミスをしてしまった場合の損害賠償額が高額になってしまう傾向があります。

そこで、委任契約書に損害賠償額の上限を設定する条項を規定することも、仮に敗訴したときの負担を軽減するという観点から重要です。外資系の法律事務所や会計事務所の委任契約書には、しばしば、損害賠償額の上限を設定する条項が規定されています。具体的には、月額報酬額の3か月分や6か月分、1年分とすることが考えられます。

　最高裁判例（最判平成15年2月28日（判例タイムズ1127号112頁））は、損害賠償額の上限条項自体は有効であるものの、故意・重過失の場合には当該条項の適用を否定している点に留意が必要です。また、損害賠償額の上限が著しく低廉な場合には当事者の合理的意思に反する、もしくは公序良俗に反するものとして無効となるおそれがある点にも留意が必要です。なお、依頼者が個人の場合には、上記③と同様に消費者契約法上の問題が生じ得ますので留意する必要があります。

　また、税理士損害賠償責任が問題になる案件では、依頼者から報酬を受領していないにもかかわらず損害賠償請求を受けることや、依頼者との関係が悪化し報酬を途中から受領できなくなったにもかかわらず損害賠償請求を受けることが起こり得ます。そこで、受領した報酬額を上限とするという規定を入れることも考えられます。

（3）委任契約の締結方法および留意点

①委任契約の締結方法

　事前の準備として、業務の種類に応じて、数種類のひな型を用意しておき、依頼者の属性やニーズ等によってひな型を使い分け、または修正することが重要です。本項末尾に委任契約書サンプルを掲載していますのでそちらも参考にしてください。

②委任契約締結の留意点

　依頼者によっては、委任契約書を締結するときに、損害賠償請求額の

上限の規定を削除するよう要求されることもあります。このような要求に対しては、事務所内で決められたひな型であって勝手に削除できないと説明したり、一般的な規定であることを伝えたりして、説得する必要があります。

　既存の顧問先との委任契約書の修正方法としては、委任契約書のひな型を見直すタイミングで、顧問先に一律に修正版での締結を依頼していると説明して了承してもらうことが考えられます。また、他の税理士事務所・税理士法人でも同様の条項修正が一般的であることも併せて説明すると良いでしょう。

資料：委任契約書（サンプル）

委 任 契 約 書

　委任者○○（以下「甲」という。）と受任者○○税理士法人（以下「乙」という。）は、税理士の業務の委任に関して下記のとおりに契約を締結する。

第1条（目的）
　甲は、乙に対し、第2条規定の業務を遂行することを委託し、乙はこれを受託した。

第2条（委任業務の範囲）
　委任業務（以下「本件業務」という。）の範囲は、以下のとおりとする。なお、本件業務は、日本の税法及び租税条約の解釈に限定する。
- (1) 甲の法人税、事業税、住民税及び消費税の税務書類の作成並びに税務代理業務
- (2) 甲の年末調整事務及び法定調書作成事務に係る書類の作成並びに手続代理業務
- (3) 甲の税務調査の立会い
- (4) 甲の税務相談
- (5) 甲の総勘定元帳及び試算表の作成並びに決算
- (6) 甲の会計処理に関する指導及び相談
- (7) 上記のほか甲乙間で別途合意した業務

第3条（誠実義務）
1. 乙は、甲にとって最大の利益となるよう、誠実に努力を尽くすものとする。
2. 乙は、本件業務の処理方法については、甲と十分に協議し、その希望を尊重するものとする。

第4条（報酬の額）
1. 本件業務の報酬は、乙が定める報酬規定に基づき、別紙計算明細書による。
   - (1) 顧問報酬として月額　　　　　　　円（消費税込み）
   - (2) 税務書類及び決算書類作成の報酬として　　　　　　　円（消費税込み）
   - (3) 税務調査立会い報酬として1日当たり　　　　　　　円（消費税込み）
2. 乙は、甲の合意を得て、報酬の額を改訂することができる。

第5条（支払時期及び支払方法）
1. 顧問報酬の支払時期は、毎月　　日締の同月　　日までに乙の指定口座に振り込むものとする。
2. 税務書類作成及び決算に係る報酬等は、乙の業務終了後　　月以内に乙の指定口座に振り込むものとする。
   　振込口座
   　口座名義　　　　　　銀行　　支店　　預金　　口座番号

第6条（費用等）

1　乙は、甲の指定する場所等に移動する場合及び甲の依頼を受けて出張する場合には、甲に対して交通費及び宿泊料を請求することができる。

2　本件業務の遂行のために必要な費用（例えば印紙代、供託金、切手代、印刷費、記録謄写料、通信費等）は、甲の負担とする。

第7条（秘密保持の義務）

乙は、その職務上知った甲の秘密を保持するよう、万全の配慮を行う。ただし、法律上開示を強制される場合はこの限りでない。

第8条（特定個人情報等の取扱い）

乙は、甲との「特定個人情報等の外部委託に関する合意書」に則り、甲から乙に開示又は提供された個人番号及び特定個人情報（以下「特定個人情報等」という。）を適切に取り扱うものとする。

第9条（資料等の提供及び責任）

1　甲は、委任業務の遂行に必要な説明、書類、記録その他の資料（以下「資料等」という。）をその責任と費用負担において乙に提供しなければならない。

2　資料等は、乙の請求があった場合には、甲は速やかに提出しなければならない。資料等の提出が乙の正確な業務遂行に要する期間を経過した後であるときは、それに基づく不利益は甲において負担する。

3　甲の資料等の提供不足、誤りに基づく不利益は、甲において負担する。

4　乙は、業務上知り得た甲の秘密を正当な理由なく他に漏らし、又は窃用してはならない。

5　乙は、甲から提供を受けた特定個人情報等を他に漏らし、又は本件業務以外に使用してはならない。

第10条（情報の開示と説明及び免責）

1　乙は、甲の委任事務の遂行に当たり、とるべき処理の方法が複数存在し、いずれかの方法を選択する必要があるとき、並びに相対的な判断を行う必要があるときは、甲に説明し、承諾を得なければならない。

2　甲が前項の乙の説明を受け承諾をしたときは、当該項目につき後に生じる不利益について乙はその責任を負わない。

第11条（反社会的勢力の排除）

1　甲及び乙は、それぞれ相手方に対し、次の各号の事項を確約する。

　　(1)　自らが、暴力団、暴力団関係企業、総会屋若しくはこれらに準ずる者又はその構成員（以下「反社会的勢力」という。）ではないこと。

　　(2)　自らの役員（業務を執行する社員、取締役、執行役又はこれらに準ずる者をいう）が反社会的勢力ではないこと。

　　(3)　反社会的勢力に自己の名義を利用させ、本契約を締結するものでないこと。

　　(4)　本契約の有効期間内に、自ら又は第三者を利用して、次の行為をしないこと。

ア　相手方に対する脅迫的な言動又は暴力を用いる行為
　　イ　偽計又は威力を用いて相手方の業務を妨害し、又は信用を毀損する行為
2　甲又は乙の一方について、本契約の有効期間内に、次のいずれかに該当した場合には、その相手方は、何らの催告を要せずして、本契約を解除することができる。
　(1)　前項1号又は2号の確約に反する申告をしたことが判明した場合
　(2)　前項3号の確約に反し契約をしたことが判明した場合
　(3)　前項4号の確約に反する行為をした場合

第12条（損害賠償）
　甲は、本契約に関し、乙の故意又は重大なる過失により損害を被った場合、乙に対して、直接かつ現実に生じた通常の損害に限り、損害賠償を請求することができる。ただし、損害賠償の額は、乙が甲から本契約に関して受領した報酬額を上限とする。

第13条（契約期間）
　本契約の契約期間は令和　　年　　月　　日から令和　　年　　月　　日までの　　年間とする。ただし、双方より期間満了の1か月以前に書面による終了の意思表示のない限り、更新することを妨げず、以降も同様とする。

第14条（契約解除）
　甲又は乙は、1か月前に書面により通知することにより、いつでも本契約を解除することができる。ただし、契約解除により相手方に損害が生じる場合には損害賠償に応じるものとする。

第15条（合意管轄）
　甲及び乙は、本契約に関する一切の紛争は、東京地方裁判所を第一審の専属的合意管轄裁判所とすることに合意する。

第16条（協議条項）
　本契約に定めのない事項並びに本契約の内容につき変更が生じることとなった場合は、甲乙協議のうえ、誠意をもってこれを解決するものとする。

　本契約の締結を証するため、正本2通を作成し、甲乙各々記名押印のうえ、各自1通を保有する。

　　　　　年　　月　　日

　　　　　委任者（甲）住　　　所
　　　　　　　　　　　氏　　　名　　　　　　　　　　　　　印

　　　　　受任者（乙）所　在　地
　　　　　　　　　　　税理士法人の名称　　　　　　　　　印

column

低額の報酬で税務申告を受任した事例

　外国法人の日本子会社の代表取締役を務めていた方から、所得税の税務申告を税理士に依頼していたところ、税理士のミスにより修正申告をせざるを得なくなったため、当該税理士に対して過少申告加算税および延滞税相当額の損害賠償を請求したいという依頼を受けたことがあります。

　依頼者は、それまで 2,000 万円超の給与所得を受領してきましたが、税務申告には特段難しい点はなかったようでした。そのため、依頼者は、インターネットで低額（1 名 5 万円）で確定申告をする税理士を見つけて数年にわたって確定申告を依頼してきたようです。この税理士は、低額で多数の確定申告を請け負う薄利多売型のビジネスモデルを採用しているようでした。

　その後、依頼者は、外国法人のインセンティブプランに加入し、勤続年数に応じてポイントを付与され、一定のポイントがたまった段階で外国法人の株式を受領しました。税理士は、依頼者がインセンティブプランを行使して得た利益を譲渡所得として申告しましたが、その後に税務調査を受けて、税務当局から給与所得と指摘されました。結局、依頼者は譲渡所得を給与所得として計算し直した差額分を納税し、また、過少申告加算税および延滞税を納税しました。依頼者としては、差額分を納税することは仕方がないが、過少申告加算税および延滞税は当該税理士の所得区分の判断ミスが原因であるため、損害賠償を

請求したいという意向でした。本件では、過少申告加算税および延滞税として100万円を超える損害賠償請求をしたところ、税理士は即時に賠償金を支払いました。

　外国のインセンティブプランについての契約書等は英語で作成され、ストックオプションやRSU（譲渡制限付株式ユニット）、ファントムストックなどさまざまな種類が存在し、また、インセンティブの内容や行使の方法が複雑です。日本のストックオプション税制などとも異なるため、契約書等を慎重に検討した上で日本の所得税法における所得区分を判断する必要があります。

　しかしながら、当該税理士は、依頼者にインセンティブプランについての資料の提出を要請せず、また、依頼者に譲渡所得として申告する旨の確認もとらずに申告しました。さらには、確定申告に関する委任契約書を作成していませんでした。そもそも税理士としては、本件のような外国のインセンティブプランといった通常とは異なる問題を取り扱う場合には、慎重に対応する必要があるとして報酬の増額を依頼者に依頼するか、自身で対応が困難であればこの分野に詳しい税理士の助力を求める、それでも対応できないのであれば受任を断るなどの対応をとるべきであり、難易度やかかる時間、リスクを吟味した上で受任するか否かを検討する必要があったと思われます。受任することになった場合には、損害賠償の上限を規定した委任契約書を締結し、また、業務に見合った報酬を請求すべきであったと考えられます。

4　業務遂行の際の注意点

（1）受任時の注意点

①クライアントの観察

前述 3 のとおり、受任時における税理士損害賠償請求の対策として、依頼者（クライアント）との間で締結する委任契約書に、委任事項等契約書上明確にすべき事項を明示することが考えられますが、そのほかの受任時の対策として、受任時にクライアントを慎重に観察することも重要です。なぜなら、クライアントによって、税理士のミスに対する対応もさまざまであるからです。仮に、税理士の業務遂行の過程においてミスがあり、損害が発生した場合であっても、クライアントによっては大事にせず、損害賠償請求に至らない場合もあります。一方、税理士のミスが軽微なものであっても、謝罪を求め、委任契約の解除や損害賠償請求をするクライアントもいます。税理士の立場として、将来的にクライアントから損害賠償請求を受けるリスクを見極める観点からは、クライアントを慎重に観察しておく必要があります。

具体的に観察すべき事項としては、クライアントとの関係性、クライアントの性質・性格、案件担当者の編成等が考えられます。以下、これらについて説明します。

②クライアントとの関係性の確認

クライアントと税理士との間には、受任時にすでに信頼関係が十分に構築されている場合もあれば、受任から間もないなどの理由で信頼関係が十分に構築されていない場合もあるものと思われます。仮に、税理士の行った受任事項に関しミスが発生したとしても、信頼関係が十分に構築されている税理士に対しては損害賠償請求等の責任追及を行うことは

心理的に難しく、また、損害賠償請求額の減額や賠償額の支払方法・期間の調整、委任契約の継続など、比較的柔軟に交渉できると考えられます。そのため、将来的にクライアントから損害賠償請求を受けるリスクを見極める観点からは、クライアントとの信頼関係が構築されているか否かを確認することが重要です。

　クライアントとの信頼関係が構築されている場合としては、例えば、顧問契約が数十年間継続している場合や、クライアントが過去に税務上の非常に大きなミスをした際に助言をし、大きな損害が発生することを回避させたことがある場合等が考えられます。これらの場合には、クライアントが損害賠償請求を行おうと考えるに至らなかったり、そのような考えに至ったとしても、税理士が真摯に謝罪をすることにより、損害賠償請求を行う意向を翻意したり、また、最終的に損害賠償請求されるとしても、通常よりも低廉な金額で請求されたりするケースも多いと考えられます。

　一方、クライアントとの間で信頼関係が構築されているとはいえない場合には、税理士の行った業務に関しミスが発生したときには、たとえ税理士が真摯に謝罪したとしても、クライアントが当該税理士に対し損害賠償請求を行う可能性は相対的に高いと考えられます。

　そのため、税理士損害賠償請求を受けるリスクを見極める観点からは、過去のクライアントとの業務の状況を踏まえ、受任時にクライアントとの関係性を吟味することは重要であると考えられます。

　もっとも、最近では、クライアントが税理士が保険（税理士職業賠償責任保険）に加入していることを認識しているため、クライアントの中には、（税理士との間に信頼関係が構築されているとしても）「保険により税理士には実質的な損害が発生しないだろう」と考え、税理士に対し損害賠償請求を行う事例も見受けられます。そのような場合には、クライアントが損害賠償請求をするか否かの判断において、税理士との信頼

関係の構築の有無があまり影響しない場合があるので、留意が必要です。

③クライアントまたはその担当者の性質の確認

（ⅰ）クライアントの社風の確認

税理士とクライアントとの信頼関係の有無のほかに、クライアントが法人である場合には、その社風が、税理士に対し損害賠償請求を行うか否かの判断に影響を与えると考えられます。

例えば、決裁の過程が確立しており、意思決定を慎重に行う社風であるクライアントの場合には、ミスをした税理士に対し損害賠償請求を行うか否かの判断を行うにあたり、弁護士に依頼して損害賠償請求の可否等の意見を得るなどして、慎重に判断を行うことが考えられます。

その一方で、オーナー企業の場合のように、最終的にはオーナー社長の一存により意思決定がなされる社風のクライアントの場合には、税理士に対し損害賠償請求を行うか否かがオーナー社長の意向に強く影響されると考えられます。

このうち、前者の社風のクライアントの場合には、弁護士の意見等を踏まえ、損害賠償請求が法的に認められる可能性が高い場合に限り請求を行うという判断に至る場合が比較的多いことが考えられます。

他方、後者の社風のクライアントの場合には、社内における検討において、損害賠償請求を行ったとしてもかかる請求が法的に認められる可能性が低いという結論に至ったとしても、オーナー社長が社内の検討結果を考慮せず独断で損害賠償請求を行う旨の判断を行い、それが全社的な判断となる場合も考えられます。もっとも、社内における検討において損害賠償請求をすべきであるという結論に至っていたとしても、税理士とオーナー社長との関係性が円満である場合等には、オーナー社長の判断において損害賠償請求をしない旨の会社としての意思決定がなされる可能性も考えられます。

このように、クライアントの社風によっては、最終的な損害賠償責任の追及可能性が変わり得るところであり、税理士損害賠償請求を受けるリスクを見極める観点からは、例えば委任契約の締結に係る意思決定の際にクライアント内部の決裁過程を確認するなどして、受任時にクライアントとの関係性を吟味することは重要であると考えられます。

（ii）クライアントの担当者の確認

クライアントの担当者の能力、経験および性格等も、税理士に対して損害賠償請求を行う可能性の程度に影響を与えると考えられます。例えば、クライアントの担当者が経理部の担当者である場合には、担当者が税務に精通している場合が多いと考えられるため、税理士が行ったアドバイスを鵜呑みにせず、クライアントの担当者がアドバイスの内容を検証し、誤りがある場合にはその指摘をすることや、税理士が行った説明のうち分かりにくい部分について詳細な説明を求めることがあり、その過程において税理士が行ったアドバイスの誤りの存在に気付く契機が存在するため、結果としてクライアントに損害が生じず、税理士がクライアントから損害賠償請求を受ける原因を取り除くことが可能である場合が比較的多いといえます。一方、担当者が税務の経験がなく、税務に精通しているとはいえない場合には、クライアントおよび税理士の双方ともアドバイスの誤りの存在に気付く契機がなく、その分損害賠償請求を受けるリスクが残ることがあります。

このように考えると、クライアントの担当者の能力等によって最終的な損害賠償責任追及可能性が変わり得るところであり、税理士損害賠償請求を受けるリスクを見極める観点からは、例えば委任契約の締結の際の打合せの場に同席している担当者とその部署や、クライアントにおいていわゆる「窓口」となる担当者とその部署を確認するなどして、受任時にクライアントの担当者が税務に精通しているかどうかを吟味することは重要です。

　受任時の上記確認の結果、クライアントまたはその担当者が税務に疎い場合には、クライアントにおいて税理士のアドバイスの前提となる税務についての基本的な知識が存在しないことから、税理士が通常行うような簡単なアドバイスであっても理解をしてもらえないことや、最終的な判断が税務上の専門的な知識や考え方によらずに、感情に左右されることもあり得るため、損害賠償責任を追及される可能性が相対的に高いものと考えられます。そのため、このようなクライアントから依頼を受けた場合には、将来の損害賠償責任追及のリスクを回避する観点からは、あえて受任しないことも考えられるところです。

　仮にそのような場合において依頼を受けるとしても、このようなクライアントに対し行うアドバイスの内容については留意が必要です。例えば、クライアントにおいて理解が難しいような複雑なスキームの提案は、クライアントの理解が及ばず、アドバイスどおりにスキームが実現されない可能性もあり、その結果、クライアントの無理解により税理士が責任追及を受ける可能性もあるため、避けるべきです。また、相対的に税務上のリスクの高いスキームを提案する場合も、適切にリスクについての説明をしたとしても、クライアントがリスクの有無や程度を理解することができず、アドバイスどおりの対応を行うことができない可能性もあるため、避けるべきです。

④案件担当者のチーム編成

　特にクライアントまたはその担当者が税務に疎い場合には、前述のリスクを回避するために、クライアント内のチーム編成についてアドバイスをすることも考えられます。例えば、クライアントが法人である場合には、案件を円滑に進める上で必要であることを説明する等して、経理部や案件の背景を把握している担当者等をチームに加えてもらうように依頼をすることも検討すべきです。

また、税理士事務所または税理士法人においては、対応する案件ごとにチーム編成を行うことが考えられますが、その場合にも、クライアントの税務知識の程度を吟味した上で編成を検討する必要があると考えられます。例えば、クライアントの担当者が税務知識に疎い場合には、クライアントとのコミュニケーションが難航することが予想されるため、知識や経験が豊富な税理士を配置することや、知識や経験が必ずしも十分ではない若手の税理士に担当させるとしても、必要なレビューの対応が可能な税理士を併せて担当者として配置するなどの対応を行うことが、損害賠償責任を追及される可能性を低減するために必要になります。

（2）クライアントへの説明時の注意点

　税理士業務においては、クライアントから受けた質問に対し、メールや電話等の方法により回答することがたびたびあります。その際の税理士の対応によっては、クライアントとの関係で認識の齟齬が生じ、そのことがクライアントとの間の紛争に発展する等のリスクが生じる可能性があります。

　そこで、税理士がクライアントに対し説明をする際には将来の紛争を回避すべく慎重な対応を行う必要があり、主に以下の点について留意が必要となります。

①説明の方法

　税理士のクライアントに対するアドバイスは、一定の事実関係を前提としたアドバイスとなるため、税理士がクライアントに対しアドバイスをする場合、アドバイスの前提となる事実関係を明確に特定する必要があります。また、クライアント側の税務知識および事務処理能力は千差万別であり、特にクライアントが十分な税務知識および事務処理能力を有していない場合には、クライアントが税理士に対しアドバイスを求め

る際に、クライアントが税理士に対し、アドバイスにあたり必要な事実
関係をすべて示したと考えていたとしても、実際には必要な事実関係を
適切に示しているとはいえない（または適切に示すことができない）場
合があると考えられます。

　また、税務上の問題は多岐にわたり、例えば、ある取引について法人
税法上の課税リスクは生じないとしても、別途消費税法上の課税リスク
は生じ得るという場合は十分に考えられるところ、このような場合にお
いて税理士がクライアントからの法人税法についての質問に対し回答す
るときに、単に「課税リスクは存在しない」と回答すると、クライアン
トとしては課税リスクが全く存在しないと判断することになりかねませ
んが、そのような判断は税理士としては意図しないものと考えられます。

　これらの場合は、質問者および回答者間の認識の齟齬が生じることに
なり、結果としてクライアントが税理士のアドバイスを理解しきれず、
アドバイスと矛盾する行為を実行してしまう結果となる可能性も考えら
れます。そこで、そのような事態が生じることを防ぐべく、税理士がク
ライアントの質問に対し回答をする場合には、以下の点を明確にして、
回答の前提を限定することが望ましいです。

・メール等の書面による回答をする場合、回答とともに、「質問の
　内容」および「回答にあたっての前提事実」を明示する。
・回答の射程を明示する。
・回答にあたっての留保事項を明示する。

具体的には、以下のような回答を行うことが考えられます[22]。
　例：X 社の担当者乙が、税理士甲に対し、X 社（日本法人）が米国に
　　　おいて電子書籍の配信サービスを提供する場合の消費税法上の
　　　課税関係についての質問をし、甲がメールにより回答をする場合

のメール回答例です。

　なお、甲は乙から日本の消費税法上の課税関係についての質問のみを受けたという認識であり、甲は回答にあたっては、日本の消費税法の課税関係について限定して回答することを想定しています。

乙様

お世話になっております。
いただいた貴社の米国における電子書籍の配信サービス（以下「本サービス」といいます。）に係る課税関係についてのご質問につきまして、以下のとおりご回答申し上げます。

【ご質問内容】
貴社が米国において電子書籍の配信サービスを行う場合、日本の消費税が課税されるか。

【前提事実】
本回答は、貴社から伺った以下の事実関係を前提としています。
・本サービスは、インターネットを介して行う電子書籍の配信サービスである。
・Ｘ社は、本サービスをもっぱら米国においてのみ行い、日本を含むそのほかの国または地域においては行わない。

〔中略〕

---

22 この回答案は、あくまでも税理士によるクライアントに対する説明の一例を示したものであり、当該回答案の記載が税理士損害賠償責任の追及等のクライアントとの紛争等を回避する観点から必要かつ十分なものであることを意味するものではないことにはご留意ください。

【ご回答】

「電気通信利用役務の提供」行為（消費税法第2条第1項第8号の3）に該当すれば、当該役務提供を受ける者の住所もしくは居所または本店もしくは主たる事務所の所在地が国内にある場合には、「国内」における役務提供として当該役務提供について消費税が課されます（消費税法第4条第3項第3号）。

「電気通信利用役務の提供」とは、インターネット等を介して行われる役務提供をいうとされており、本サービスについては、〔中略〕「電気通信利用役務の提供」に該当します。

したがって、本サービスは、「国内」における役務提供に該当せず、本サービスについて消費税は課されないと考えます。

【回答の射程】

なお、上記回答は日本の消費税に係る課税関係のみについてのご回答としておりますが、本サービスについては、米国国内における消費に係る課税等、日本の消費税以外の課税の可能性が否定されません。このうち、米国法に係る課税関係については、米国法上の実務を踏まえた米国法の専門的なリサーチが必要となりますので、米国法の専門家の見解を得る必要があります。

【留保事項】

なお、本回答に関し、以下の点にご留意ください。

・上記回答は、貴社から提供して頂いた資料および事実の内容が正確かつ真実であることを前提としています。

・本回答は、本回答時点である○年○月○日時点において有効な法令を前提として検討しています。

・税務当局に事前照会を行う場合には、税務当局が本回答と異なる

結論に至るおそれがあります。
・税務調査が行われた場合は、税務当局が本回答と異なる結論に至るおそれがあります。
・本回答は、貴社の要請に基づき、貴社が自ら使用する目的のためにのみ交付するものであって、貴社は、あらかじめ当職らの事前の書面による同意なく、その全部または一部を第三者に対して開示してはならず、また、その他のいかなる目的のためにも、また如何なる第三者に対しても、引用、開示、配布、掲載、言及または依拠してはならず、また、させてはならないものとします。

②クライアントの意思確認（確認書の取得等）

　税理士の業務は、「他人の求めに応じ」[23] て行われるものであり、クライアントの意思に反して業務を行うことは、将来における損害賠償責任の追及のリスクを高めることになります。そのため、税理士が業務を行うにあたり、クライアントの意思確認を行うことは重要です。

　クライアントの意思確認の方法としては、例えば、相続税の申告を行う場合においては、以下の事項等についてのクライアントの意思確認を行うための確認書を作成し、その内容に相違がない場合には、クライアントに確認書に署名をしてもらうなどして、クライアントから確認書を取得するといった対応をすることが考えられます。確認書の内容については、例えば、次頁のようなものとすることが考えられます[24]。

23　税理士法第2条第1項柱書
24　日本税理士会連合会業務対策部作成「税理士の専門家責任を実現するための100の提案　改訂版」の「確認書（相続税用モデル）」を基に、筆者らが作成しました。

確　認　書

令和　　　年　　　月　　　日

税理士法人○○○　殿

　我々は、被相続人＿＿＿＿＿＿の令和＿＿＿年度の相続税申告書の作成、申告および調査の立会いに係る業務（以下、「本業務」といいます）について、下記のとおり確認いたします。

記

１．我々は、本業務に係る相続税の申告後において、貴税理士法人および我々相続人全員の双方の合意なしに、当該申告に係る財産および債務の変更はしません。

２．我々は、貴税理士法人が、本業務について、相続税法に従って評価および申告処理を行い、申告書の提出および納付に係る一切の責任は、相続人である我々にあることを承知しています。

３．我々は、貴税理士法人から提供の要請があった財産および債務その他本業務に関連する情報をすべて貴税理士法人に提供しており、貴税理士法人による要請があったにもかかわらず、提供をしていない情報はありません。

４．被相続人＿＿＿＿＿＿の相続および本業務に係る重要な偶発事象および後発事象は、一切ありません。

５．我々は、本業務に係る申告および納付に重要な影響を及ぼすおそれのある計画または意思決定をしておらず、貴税理士法人に提供したもののほかに、これらの計画または意思決定は存在していません。

６．我々は、貴税理士法人作成の相続税申告一覧表を確認しました。

以上

　　　　　　住　　所
　　　　　　相続人　　　　　　　　　　　　　　　　　　　　　　印

　　　　　　住　　所
　　　　　　相続人　　　　　　　　　　　　　　　　　　　　　　印

　　　　　　住　　所
　　　　　　相続人　　　　　　　　　　　　　　　　　　　　　　印

最近の実務では、上記のような確認書の取得を徹底する税理士および税理士法人も増加しており、確認書の取得が税務申告のフローの１つに組み込まれることがあるようです。

　もっとも、クライアントとの関係等を考慮して、クライアントに対し確認書への署名を求めることが困難な場合があることも想定されます。そのような場合には、クライアントから確認書を取得する代わりに、税理士がクライアントから受領した資料等をまとめ、「当該資料のほかに関連する資料があればすぐに指摘をしてほしい」とメールなどの記録として残る方法により依頼し、特に指摘を受けない場合には、受領資料のほかに関連資料はないという取扱いをすることが考えられます。

　また、消費税の簡易課税制度選択届出や、課税事業者選択届出においても、クライアントから承諾書を取得する対応が推奨されます。

③アドバイスの内容の記録および保存

　税理士が行ったアドバイスをクライアントが誤解し、誤った認識に基づいてビジネスを行った結果、税理士のアドバイスとは異なる結果が生じる場合も考えられます。その場合において、税理士がクライアントからクレームまたは損害賠償請求等の法的責任追及を受けたときには、税理士としては、自身のアドバイスの内容が、クライアントが受けたと主張するアドバイスの内容と異なることを立証する必要があります。そこで、そのような立証を行うことを可能とすべく、クライアントに対し行ったアドバイスの内容を記録し、保存しておくことが必要です。

　この点について、例えば税理士がクライアントに対しメールによりアドバイスをする場合には、当該メールを保存することにより、アドバイスの内容を記録および保存することが可能です。

　他方、会議や電話等において口頭によりアドバイスをした場合には、別途口頭で説明したアドバイスの内容を録音することによりアドバイス

の内容を保存することが考えられますが、アドバイス時に録音をする媒体を所持していないなどの理由により、録音をすることができない場合もあり得ます。その場合には、以下のような対応を行うことにより、アドバイスの内容を記録および保存することが考えられます。

> ・会議や打合せの内容を記載した議事録を作成し、クライアントに送付する。
> ・「アドバイスの内容が複雑でしたので、念のため先ほどの説明内容をお送りいたします」などと述べた上で、会議や電話において口頭で伝えたアドバイスの内容をまとめたメールをクライアントに送信する。

　特に、税務リスクが高いアドバイスを口頭により行う場合には、将来的にクライアントとの関係で紛争に発展する可能性が高いので、上記対応を徹底する必要があります。

（3）その他業務にあたっての留意事項

①秘密保持および情報管理

　税理士または税理士であった者は税理士業務に関して知り得た秘密を守る義務がありますが[25]、情報漏洩に伴うクライアントからの損害賠償請求その他の責任追及を回避する観点からも、クライアントとの関係において秘密保持および情報管理を徹底する必要があります。

　基本的な対応ではありますが、以下のような対応により、秘密保持および情報漏洩対策を徹底することが考えられます。

25　税理士法第38条

> ・電子ファイルにパスワードを設定する。
> ・税理士事務所または税理士法人に所属する職員全員との間で秘密保持契約を締結する（秘密保持に関する誓約書や念書を提出させる）。
> ・必要に応じて、担当者以外の職員のアクセス制限を設ける。
> ・個人情報の取扱いについての規程を設ける。
> ・外部からの不正アクセスの防止に係る措置を講じる。
> ・クライアント情報の記載のある資料の持出し制限を行う。

　なお、個人情報の保護に関する法律（以下、「個人情報保護法」といいます）は、「個人情報取扱事業者」に対し[26]、その取り扱う個人データの漏洩の防止その他の個人データの安全管理のために必要かつ適切な措置を講じる義務[27]等を課していますが、「個人情報取扱事業者」には、「個人情報データベース等[28]を事業の用に供している者」を広く含むことから、税理士および税理士法人も個人情報保護法の規制対象となり、同法に定める義務を負います[29]。そのため、税理士においても、個人情

26　個人情報保護法第 16 条

27　個人情報保護法第 23 条

28　個人情報を含む情報の集合体であり、特定の個人情報を電子計算機を用いて検索することができるように体系的に構成したもの（個人情報保護法第 16 条第 1 項）などをいいます。

29　個人情報取扱事業者が、その取り扱う個人データの漏洩、滅失または毀損の防止その他の個人データの安全管理のために必要かつ適切な措置を講じなかった場合には、個人情報保護委員会から措置勧告（個人情報保護法第 148 条第 1 項）、措置命令（同条第 2 項、第 3 項）がなされる可能性があり、当該命令に違反した場合には、対象会社については 1 億円以下の罰金、対象会社の代表者、代理人、使用人その他の従業者については 1 年以下の懲役または 100 万円以下の罰金に処される可能性があります（個人情報保護法第 178 条）。

報保護法に定める義務を遵守する必要がある点にも留意が必要です。

②証憑書類の確認の必要性

　税理士は、クライアントに契約書や領収書等の証憑書類の提出を要請し、提出された証憑書類を確認して税理士業務を遂行します。税理士が契約書、領収書等の証憑書類を確認することなく、推計により申告書を作成し、税務申告を行うことは、故意に真正の事実に反して税務書類の作成をする行為に該当し、税理士業務の停止または禁止処分の対象となり得ます[30]。

　そのため、証憑書類を確認することなく税務申告を行うことにより、クライアントが修正申告を行う必要が生じるなどによって損害が生じた場合には、クライアントによる損害賠償請求の問題とともに、税理士業務の停止または禁止処分を受けるリスクがある点に留意が必要です。

　もっとも、クライアントによる説明に基づき税務申告を行った場合や、税理士が求めたにもかかわらずクライアントが必要な書類の提出を行わなかった場合等における税理士による税務申告は、税理士とクライアントとの間の委任契約における税理士の免責行為に該当する可能性があります。

30　税理士法第45条第1項

クライアントとの信頼関係

　税理士・弁護士業務をしていて、クライアントに有益なアドバイスをすることができたり、税務調査を無事に切り抜けることができてクライアントから感謝されたりするとやりがいを感じます。多くの税理士もクライアントから感謝されたときに同じような想いを抱かれていると思います。一方、クライアントと十分な信頼関係を築くことができず、適切な対応をしたにもかかわらずにクレームを受けることもあります。つくづく、クライアントと信頼関係を築くことが重要であると実感しますし、また、信頼関係を築くことが困難なクライアントが一定数いることも否定できません。

　査察案件や資料調査課の案件に対応することがありますが、これまでの経験上、これらの案件ではクライアントと一定の距離を置くべきであり、また、クライアントの主張を一方的に信じることは危険であると考えています。クライアントから説明を受けた内容と異なる事実が判明することはよくありますし、顧問税理士がリスクを指摘して慎重な対応を求めてきたにもかかわらず、「顧問税理士に勧められるがままに行った」と主張して顧問税理士に責任転嫁をする方もいます。顧問税理士としては、現在取り扱っている案件が将来査察案件になるかどうかは分かりません。顧問税理士がその時点でできることとしては、リスクのある案件については、アドバイスの内容を業務日誌やクライアントへのメールに記載しておき、リスクを指摘したこ

とを記録として残しておくことが考えられます。査察案件の場合には、顧問税理士の事務所まで捜索差押えをされることもよくありますが、捜索差押えを受けて顧問税理士がリスクを指摘してきたことが判明することがあるからです。また、クライアントが脱税を意図している場合には、クライアントに翻意を促し、翻意しない場合には辞任する必要もあります。

　ある社長から、資料調査課の税務調査を受けているが、顧問税理士が自分の意向に沿う主張をしないため、顧問税理士と一緒に対応して欲しいと依頼を受けたことがありました。依頼者は非上場会社の社長でしたが、「顧問税理士に税務関係をすべて依頼していたところ、突然、資料調査課の調査を受けることになり困っている」とのことでした。問題となった事案は、従前は内国法人から役員給与を支払っていたところ、役員給与を支払わず、代わりにグループ会社の外国法人に役員給与と同額のコンサルティング料を支払い、外国法人から役員給与をもらうことになった（日本で役員給与を申告しない）というものです。一方、顧問税理士は社長の前では何も反論しないものの、私に対しては、社長から「節税スキームを考えた」と言われ、リスクを指摘したにもかかわらずに社長が実行した、と社長とは反対のことを言い、その証拠となるメールも見せてくれました。

　社長に無断で社長の役員給与を外国法人に振り替えることはできませんので、社長の主張を信じることは困難です。社長と顧問税理士の意見が対立しており、また、社長の説明を信じることは困難なため、当職から、信頼関係を築くことが困難であ

るとして受任をお断りしました。いったん受任してしまいます
と、委任契約を解約することは困難なため、長期間にわたって
悩みを抱えながら対応しなければならなくなります。そのため、
受任の段階で信頼関係を構築することができないと予想される
場合には受任しないという決断をすることも重要です。

　顧問税理士からは、長年の関係があったためついつい受任し
続けてきたが、早くに顧問契約を解約しておけば良かった、と
言われました。事務所経営にとっては、長期間の安定した顧問
契約は重要ですが、脱税への関与が疑われる顧問先との関係は
解約しなければならない場合もあるでしょう。

5　問題発生後の対応

（1）問題発生時の留意点

　前述2のとおり、税理士損害賠償請求を避けるためには、ミスの防止に努めることが不可欠となります。

　もっとも、税理士の業務は人為的なものであり、その経過でミスが起きることを完全に防ぐことは非常に難しいことです。そのため、実際に問題が起きてしまった場合に備えた準備を税理士事務所または税理士法人全体でしておくことが、リスクマネジメントとして非常に重要なものと考えられます。また、いかなる場面で発生した事象であるか、ということだけでなく、相手方が法人なのか個人なのか、予定されていた報酬等はいくらなのか、という点など含めて、どのようなクライアントとの間で発生した事象なのかによっても対応は異なってきます。

　本項では、以下において、実際に問題が起き得る状況を段階ごとに検討し、その段階に即した対処法を述べることとします。

（2）それぞれの段階での対応

　実際に問題が発生した場合の場面としては、以下の4つの段階が考えられます。

　　①担当者に対するクレーム段階

　　②税理士事務所・法人に対するクレーム段階

　　③内容証明段階（法的な損害賠償請求の発生のレベル）

　　④訴訟、和解手続段階

　主に以上の4つの場面について留意が必要となります。以下、それぞれの段階ごとに説明します。

①担当者に対するクレーム段階

（ⅰ）想定される場面

担当者に対するクレーム段階は、クライアントからのいわば最初期の問い合わせの場面になります。この段階は、クライアントが依頼している税理士業務に関して、何らかのミス等に気付いた際に、最も初めに行うものであるといえます。そのため、比較的小さな問題の段階で気付くことができ、適切に対応することができれば大きな問題にならずに済むことが多いと考えられます。

他方で、初期の対応を誤った場合には大きな問題に発展することや、対応が遅れることにより損害が広がる可能性が大きい場面でもあり、また、基本的にはメールや電話等、簡易な方法で連絡が来ることが想定される場面でもありますので、ある程度迅速な対応が必要となります。特に、最近ではリモートワークが普及し、必然的に個々人での対応が求められることが多くなっています。そのような観点からも、担当者レベルでの対応の重要性は高まっているといえます。

したがって、この段階においては、迅速な対応が可能となるようなシステムを構築し、それを的確に実行していくことが重要となります。

（ⅱ）具体的な対応

ア　メール等書面での対応

クライアントからメール等でクレームが伝えられることがあります。メール等での対応は、その対応内容が記録に残るため、些細なミスが後の訴訟などの場面で大きく影響する可能性があります。他方で、メール等での対応は、口頭での対応とは異なり、一定の時間をおいてある程度内容を吟味できる点で、落ち着いて対応することにより十分なリスクマネジメントが可能となるものです。以下では、返信対応を含めた良い対応、悪い対応について説明します。

（ア）メールの送信・返信方法

　基本的にクライアントとのやり取りは、各担当者（事務員などを含みます）が行うことが想定されます。この場面においては、まず、<u>担当者が単独での送信・返信を行わない</u>ことが重要になります。これは、責任の分担という観点もありますが、それ以上に、情報共有が主な目的です。単独で対応すると、経験の乏しい担当者の場合には適切に対応することができず、また、感情的に対応してしまうおそれがあります。事務所・法人内で情報を共有することにより、クレームの状況を内部で把握して、適切で冷静な対応をとることができます。

　したがって、メールの送信・返信の際には、必ず上司をメールのCC（Carbon Copy）に入れることが必要です。そして、上司をメールのCCに入れることを事務所・法人内でルール化することが重要です。

（イ）メール（書面）内容

　メール（手紙なども含みます。以下、同様です）の際の文面にも注意が必要です。先ほども述べたとおり、メールは記録として相手方にも残るものであるため、安易に返信すると、その内容によっては、後の訴訟等で証拠として利用されてしまい、自分たちにとって不利に働く可能性があります。例えば、後に問題になり得る文面としては、以下の文面が考えられます。

文面	問題点
謝罪の文言 （例：申し訳ございません。）	●精査の上、こちらのミスであることが判明してからであれば対応として必要であるが、クレーム内容等を精査しない段階での謝罪は、ミスをしたことを認めることになるおそれあり ⇒訴訟上不利な証拠になり得る。 なお、「不都合をおかけして申し訳ありません。」程度の形式的な表現であれば将来の不利な証拠にならない。
賠償を約束する文言 （例：こちらで補償いたします。／ ○○をお支払いたします。）	●損害の有無、範囲が確定する前に賠償を約するような内容にすると、ミスをしたと認めることになるおそれあり ⇒訴訟上不利な証拠になり得る。

　したがって、メール対応において送信・返信を行う際には、「追って対応いたします。」「確認の上ご連絡差し上げます。」など、まずは確認をすることを伝え、（明らかかつ簡易なミスを除いては、）実際のクレーム内容には言及せずに調査する機会を設ける旨の文面を送ることがリスクマネジメントの点から有用といえます。

イ　電話等口頭での対応

　電話等口頭での対応はメール等書面での対応とは異なり、その場で質疑応答しながら回答するため、記録に残りづらいという特徴があります。他方、録音されている可能性も否定はできず、将来訴訟に発展する場合には証拠とされる可能性もあり得るため、発言内容には十分に注意する必要があります。

　電話等口頭での対応では、会話をしながらクライアントのクレームの内容を聞き取り、的確に問題状況を把握して適切に回答する必要があるため、一定の経験が必要です。また、一部のクライアントは感情的になることもありますので、担当者は冷静に対応する必要があります。

　担当者が応対することが望ましいですが、担当者の経験が浅い場合や担当者の性格によっては、上司が代わりに対応することが望ましい場合もあります。また、上司が対応することにより、クライアント側も冷静になり、感情的に対立せずに、クレームの内容を検討することができることもあるため、誰が対応するかも慎重に検討する必要があります。

②税理士事務所・税理士法人に対するクレーム段階

（ⅰ）想定される場面

　クライアント側での損害が大きい場合や、税理士事務所・税理士法人側のミスの程度が著しい場合には、担当者レベルではクレームに十分に対処することが難しく、組織レベルで対応することが必要になります。例えば税理士法人の場合は、法人内の審理課やコンプライアンス部など、クレーム対応の部署が中心となって検討し、担当者・担当部署と共同して対応することになります。

　この段階になると、事実関係を整理した上で、クライアント側と税理士事務所・税理士法人側の主張を対比し、善管注意義務違反の有無などを検討し、いずれに責任があるのか、また、責任がある場合には賠償金額などを見積ることになります。

（ⅱ）具体的な対応

ア　組織体制の構築

　組織レベルでの対応の前提として、税理士事務所・税理士法人全体でクレームに対応する組織体制を構築しておくことが重要です。各案件の担当者が日常的に申告業務や税務相談に対応していることが多いため、

クライアントからクレームが出されたときにも各担当者とその上司が対応し、組織的に対応していないことが多いようです。しかしながら、クライアント側での損害が大きい場合や税理士事務所・税理士法人側でのミスの程度が著しい場合には、多額の損害賠償請求を受けて担当者以外も損害賠償責任を負い、または、クライアントから訴訟提起されるなど、税理士事務所・税理士法人全体に影響が生じるため、税理士事務所・税理士法人全体で対応する必要があります。そのため、クライアントから一定以上のクレームがなされた場合には税理士事務所・税理士法人の一定の部署または関係者が共同して対応するなど、クレームに対応する組織体制をあらかじめ構築しておくことが望ましいと考えられます。

イ 事実確認

税理士損害賠償請求では、債務不履行による損害賠償請求（民法第415条）が最も問題になり、(a) 債務不履行の事実、(b) 帰責事由、(c) 損害の発生およびその金額、(d) 因果関係などの事実関係が争点になります。そのため、まずは担当者にヒアリングをし、また、申告書や各種の証憑、税務調査でのやりとりなどの事実関係を把握することが必要になります。

クライアントからクレームがなされたときには、担当者が事実関係を正確に説明せずに一定の事実や証拠を隠す、また、自己を正当化することもあります。そのため、担当者には、ありのままを正確に話すように促し、担当者の責任を問わないこともあり得ることを明確に伝えることが望ましいと考えられます。

ウ 定量的分析と定性的分析

十分に事実関係の整理をした後で、クレームへの対応を決定する必要があります。具体的には、定量的分析と定性的分析の両面から損害賠償責任の有無や賠償額を検討します。

定量的分析とは、クライアントの損害額から損害賠償請求の金額を予

測することです。クライアントの損害額としては、本税、加算税（過少申告加算税または重加算税）、延滞税、弁護士費用などが考えられます。税理士事務所・税理士法人のミスがなければ生じなかった損害を賠償することになりますので、通常、税理士事務所・税理士法人は加算税と延滞税を負担することになります。税理士事務所・税理士法人のミスがなかったとしても本税を納税しなければならない場合には本税までは賠償責任を負わないことが多いですが、税理士事務所・税理士法人が提案したスキームが否認される場合には本税まで賠償責任を負うこともあります。さらに、事案が複雑な場合やクライアントから訴訟提起されて弁護士が関与する場合には、税理士事務所・税理士法人は弁護士費用まで賠償責任を負うことがあります。

　定性的分析とは、委任契約に基づく注意義務違反の程度、すなわちミスの悪質性ないし重大性です。例えば、申告期限を徒過した場合、税理士事務所・税理士法人側がスケジュールを間違えていたときには、税理士事務所・税理士法人が損害賠償責任を負うことになります。一方、クライアント側の資料提出が遅く、税理士事務所・税理士法人が急いで対応しても申告期限に間に合わないときには、クライアント側にも相当な落ち度が認められるため、税理士事務所・税理士法人の損害賠償責任は軽減されることになります。

　このように、定量的分析と定性的分析の両面から損害賠償責任の有無や賠償額を検討します。

エ　その他の考慮要素

（ア）レピュテーション（評判）

　特に大規模な税理士事務所・税理士法人では、税理士損害賠償請求がなされたことが他のクライアントや一般に知られてレピュテーション（評判）が傷つくことを懸念します。そのため、税理士事務所・税理士法人に明らかなミスがある場合には、レピュテーションの低下を懸念し

て早期にクライアントとの間で和解をすることがあります。一方、例えば税理士事務所・税理士法人は租税回避に関与していないにもかかわらず、クライアントが関与したと主張しているような場合には、税理士事務所・税理士法人側はその主張を認めるべきではないため、低額の損害賠償請求であってむしろ対応する弁護士費用の方が高額になるとしても、責任がないことを強く主張する必要があります。

（イ）保険適用の可否

　別角度の視点として、税理士事務所・税理士法人が賠償金を直接負担しないで済むという点で保険の適用の有無を判断することも重要です。税理士職業賠償責任保険は、保険料を定期的に支払う必要はありますが、保険料自体は必要経費に算入することができることからしても[31]、損害賠償責任のリスクヘッジの方法として一定の合理性があります。

　保険金により損害の填補が可能かどうかを損害額等と比較して計算し、また、保険を適用することによって将来の保険料が増額することも考慮に入れる必要があるものの、税理士事務所・税理士法人が賠償金を直接負担しないで済むため金銭的な負担が軽くなるという点からも税理士事務所・税理士法人にとってメリットがありますので、税理士損害賠償責任への対応として検討すべきものであるといえます。

（ウ）弁護士への相談

　担当者を越えて税理士事務所・税理士法人に対するクレームがなされた段階で、弁護士に相談することが望ましいと考えられます。

　弁護士は、相談を受けてから税理士事務所・税理士法人からヒアリング等を行い、事案を整理した上で対応を検討します。そして、その整理・

---

31 日本税理士会連合会『税理士職業賠償責任保険　2023年度加入手続きのご案内』40頁

検討を行った上で、弁護士が前面に出て対応するのが良いか、前面には
出ずに税理士事務所・税理士法人と協力する方が良いかを判断します。

（a）弁護士が前面に出るべき場合

　弁護士が前面に出たほうが良い場合としては、クライアント側ですで
に代理人として弁護士が立てられている場合が挙げられます。例えば、
クライアントから送付された内容証明郵便において、「以後のご連絡は
当職宛にお願いいたします」などと記載され、完全に代理人とのやり取
りを余儀なくされている場合などです。この場合には、こちらも弁護士
を立てて対応を行う方が、スムーズな紛争解決に資するといえます。

　また、定量的分析において損害額が多額となる場合や、定性的分析に
おいて悪質または重大と判断されるような事案では、初期の段階から弁
護士の関与を求めるべきといえます。対応を誤った場合、また、対応が
遅延した場合には、税理士事務所・税理士法人に与えるリスクが大きい
からです。

　さらに、クライアントからの請求が不合理である、または過大な場合
にも、弁護士を前面に立たせた方が良い場合もあります。クライアント
をけん制するために、弁護士を代理人として内容証明郵便を送付するな
どの対応をとることが効果的な場合があります。

　いずれの対応においても、弁護士を表に出すことにより紛争が顕在化
し、またコスト面でのデメリットはある反面、迅速かつ確実な解決につ
ながるという意味で、上記のような場合には弁護士を前面に出す意義が
あるといえます。

（b）弁護士が前面に出るべきでない場合

　弁護士が前面に出るべきでない場合としては、クライアントが明確な
損害賠償請求をしていない場合が挙げられます。この場合には、クライ
アントは単なる謝罪と今後の改善、当該業務の料金の引下げを求めてい
るだけ、という可能性があり得るため、当事者同士の話し合いで解決す

ることで最も迅速かつ円満に解決することができるといえます。

　また、クライアントからの請求額が少額である場合にも、弁護士を表に出すメリットに乏しいといえます。これは、弁護士を利用して最終的に獲得する経済的利益と、弁護士報酬の額が見合っていないことから生じるものです。

③内容証明段階（法的な損害賠償請求の発生レベル）

　クライアントから内容証明郵便が送付される段階になると、税理士事務所・税理士法人内部だけでの対応が難しくなり、弁護士に相談すべき段階になります。クライアントが弁護士を代理人として内容証明郵便を送達している場合には、クライアント側ではすでに弁護士に相談しながら対応しているため、請求を受け入れない場合には、訴訟提起されることが想定されます。このような場合には、将来の訴訟も考慮して弁護士に相談する必要があります。

④訴訟、和解手続段階

　当事者間の協議等で解決できなかった場合には、実際に訴訟・和解手続段階に発展することになります。詳しくは第5章で説明します。

column

クレームと顧問契約継続の意思

　税理士のミスが発覚してその対策を検討している際には、通常、税理士側では、顧問契約が打ち切られずに継続することを願っています。税理士としては、顧問先は継続的に売上の見込める取引先であるため、事務所の経営を安定化させるためにも貴重です。税理士は、ミスの原因を調査し、ミスの是正や損害の回復手段を検討するなど、クライアントのために誠実に対応します。

　一方、クライアント側では、これまでの税理士との関係を重視して顧問契約を継続することを考えていることもあれば、逆に、ミスの発覚を契機として顧問契約の解約を検討することもあります。顧問契約が解約されるか否かは、クライアントと税理士との信頼関係、損害の重大性、税理士の代替性（国際税務など専門的な分野であれば代替性が乏しいため、顧問契約は解約されにくい）などにより左右されます。

　私が過去にクライアント側で取り扱った事例では、中堅税理士法人が比較的大規模な会社と顧問契約を締結していたのですが、ある手続書類の提出を失念してしまい、数千万円程度の損害の発生が予想されました。他方、クライアント側にも落ち度があり、損害全額の請求は困難とも思えました。

　税理士法人にとっては重要な顧問先であったため、丁寧に対応してくれて、損害賠償にも応じるという方針でした。また、クライアント側の落ち度については特に指摘しないという対応

でした。これらの対応から、税理士法人側としては顧問契約の継続を希望していることがうかがえました。一方、クライアント側では、以前から税理士法人の対応に問題があったと感じていて、今回の問題を契機として、顧問契約を解約する方針でした。ただ、当初から顧問契約の解約を主張すると税理士法人が損害賠償に応じないおそれがあったため、賠償の問題が収まるまでの間は、顧問契約を継続するとも解約するとも明らかにしないでいるという方針でした。

　税理士側としては、仮に、顧問契約が打ち切られるおそれがあると思っていても、損害賠償の金額を抑えるため、また、レピュテーション（評判）を維持するために、誠意を持って対応する必要があります。もっとも、このように、税理士側が顧問契約の継続を願っていても、クライアント側では顧問契約を解約する意向であることもあります。税理士側としては、相手方のある事柄であるため、顧問契約の継続を過度に期待し過ぎることなく、クライアント側に落ち度があれば指摘をすることも検討すべきと思われます（クライアント側の落ち度を指摘することによりクライアントの対応が硬化することもあるため、指摘の仕方は慎重に検討すべきです。私としては、税理士側で経緯をまとめることなどにより、クライアント側の落ち度があることを客観的に明らかにすることなどを考えます）。

column

前任の税理士の責任を負わされそうになった事例

　前任の税理士が税務処理を間違えてしまい、高齢により引退して後任の税理士が引き継いだ後に税務調査で間違いが発覚し、後任の税理士が責任を負わされそうになった事例を取り扱ったことがあります。

　前任の税理士は、ある半官半民の法人の顧問税理士を長年にわたって務めていましたが、高齢により引退しました。前任の税理士と面識がある、ある若い税理士が後任としてこのクライアントの顧問を引き継ぎました。その後、クライアントに税務調査が行われた際、前任の税理士時代の税務上の取扱いの誤りが見つかり、クライアントは修正申告をして納税をせざるを得ませんでした。後任の税理士は税務調査に誠実に対応し、その後の修正申告などにも対応してきましたが、クライアント内では後任の税理士が税務処理を誤ったと誤解されてしまったようです。最終的には、クライアントから後任の税理士が損害賠償請求を受けることになったため、当職に対応を依頼されました。

　後任の税理士から事情を聞いたところ、前任の税理士と面識があったため、前任の税理士への義理もあって、前任の税理士の誤りであることを明確には言えなかったところ、いつの間にか後任の税理士のミスであると考えられてしまったようです。前任の税理士はどうしたかというと、引退したことを理由に何ら対応せず、途中からは事情聴取にも応じなくなったようです。

　一般的に、クライアントの中には税務に詳しくない人もいて、

また、詳細な事情を知らない場合もあります。そのため、税務上の取扱いが誤っていた場合には、誰に責任があるのかよく分からないことがあります。一方、クライアントとしては、修正申告をして経済的な負担を被ったため、責任の所在を追及することになりますが、追及しやすい人に責任追及する傾向があります。本件では、前任の税理士は逃げてしまったため、後任の税理士が責任追及されてしまったのです。また、仮に、クライアントにも問題があったとしても、身内を責めるよりも、身内をかばって外部に対して責任追及する傾向があります。

　当職は、弁護士として後任の税理士を代理し、それまでの事実関係を詳細にまとめて当該クライアント宛に内容証明郵便を送付し、後任の税理士に落ち度がないことを丁重に説明しました。その結果、当該クライアントにも理解していただき、後任の税理士に責任がないことを分かっていただき、損害賠償請求を取り下げてもらえました。クライアントが誤解している場合には、弁護士など外部の第三者に入ってもらって事情を説明してもらい、事態の鎮静化に努めることが重要であると考えられます。当職は後任の税理士側の依頼を受けましたが、後任の税理士を一方的に擁護するのではなく、これまでの事情をなるべく客観的にまとめ、当該クライアントに事実を伝えて冷静な判断を求めるように心掛けました。また、後任の税理士としても、前任の税理士と面識があるとはいえ、自らに責任があるように思われては困りますので、当初から責任の所在を明確にしておくことは必要であったと思います。

第 **5** 章

税理士損害賠償請求訴訟

1 税理士損害賠償請求訴訟に至るまでの流れ

　問題の発覚後、税理士損害賠償請求訴訟に至るまでは、主として、以下のような経過をたどることが多いです。

　　①依頼者からの電話・メール等によるクレーム

　　②内容証明郵便の受領

　　③訴状の受領（税理士損害賠償請求訴訟の開始）

　本章では、以下の段階ごとにどのような経過をたどるかを解説します。それぞれの段階での具体的な対応方法については、前述の第4章「**5 問題発生後の対応**」を参照してください。なお、③については項を分けて「**2　税理士損害賠償請求訴訟の流れ**」で解説します。

①依頼者からの電話・メール等によるクレーム

　依頼者に問題が発覚した直後の段階では、依頼者本人から直接クレームを受けることが多く、法的に整理されていない内容のクレームを受けることも考えられるところです。また、損害賠償請求を行うという旨のクレームを受けたとしても、その内実は、税制や法制度等に対する不満を述べている場合や依頼者の事実誤認を前提としたクレームである場合もあります。そのため、この段階ではクレームの内容を正確に把握し記録するとともに、前提となる事実関係の整理を行うに留めるのが良いものと考えられます。

②内容証明郵便の受領

　依頼者からの電話・メール等によるクレームの段階で問題が解決しない場合は、依頼者または依頼者の代理人から内容証明郵便を受領することが多いものと考えられます。

　内容証明郵便とは、日本郵便株式会社において、当該郵便物の内容で

ある文書の内容を証明する郵便であり（郵便法第48条第1項）、通常は、配達の事実を証明する配達証明（郵便法第47条）も付して送付されるため、いつ・誰が・誰に対して・どのような内容の郵便を送付したかを証明することができるものとなります。

　税理士損害賠償請求の場合の具体的な内容証明郵便の内容としては、下記のようなものが考えられます。

　　　・顧問契約の解除の通知
　　　・事実確認等の質問
　　　・損害賠償の請求

　なお、内容証明郵便に「○日以内に損害賠償金として○○万円を支払われたい。」や「○日以内にご回答をいただきたい。」といった記載がなされることがあります。しかし、この期限を徒過したとしても、直ちに訴訟手続や強制執行手続等が開始されるものではないことが多いため、焦って責任を認めることまたは不利な事実を認めてしまうこと等を行わないように注意する必要があります。

2　税理士損害賠償請求訴訟の流れ

（1）税理士損害賠償請求訴訟の全体像

　①税理士損害賠償請求訴訟の手続の流れ

　1で述べた過程で依頼者との交渉がまとまらない場合、依頼者は、税理士に対して損害賠償請求を行う民事訴訟を提起することが多いため、本項では民事訴訟の手続の流れについて概観いたします。一般的な民事訴訟の第一審の訴訟手続は次のとおりの流れで行われます[32]。

①訴状の提出

②訴状・口頭弁論期日呼出状の送達・受領

③答弁書の作成・提出

④第1回口頭弁論期日

⑤続行期日（数回）

⑥証拠調べ期日（証人尋問等）

⑦裁判上の和解手続（和解の場合のみ）

⑧口頭弁論の終結・判決の言渡し

⑨控訴

②民事訴訟の審理期間

　民事訴訟における審理期間は、令和4年の地方裁判所第一審の通常訴訟の平均審理期間が10.5か月、判決まで進んだ事件の場合は14.6か月とされています[33]。そのため、民事訴訟が提起された場合は、案件や争点の複雑さにもよりますが、少なくとも第一審の判決言渡しまで1～2年程度の時間を要します。なお、訴訟が提起された場合も、判決言渡しまで進まずに和解によって終了することも多く、その場合はより早期に解決します。

③民事訴訟のコスト

　民事訴訟において発生する主たる費用には、①訴訟費用（証拠調べに必要な費用、郵便切手の額、当事者または代理人が裁判所に出頭するための旅費・日当・宿泊料など）と②弁護士費用とがあります。

32　なお、訴額が140万円に満たない場合は、簡易裁判所による手続を行うことも考えられますが、税理士損害賠償請求訴訟の多くの場合は訴額が140万円以上であるため、ここでは地方裁判所における第一審訴訟手続について解説を行います。

33　裁判所『裁判所データブック2023』70頁

①の訴訟費用については、原則として敗訴者が負担することとなるもの（民事訴訟法第 61 条）、②の弁護士費用については、訴訟の結果にかかわらず、原則として各当事者が負担することになります。①の額は、被告の立場として訴訟の対応を行うのであれば通常そこまで高額になることはありません。訴訟が長引けば長引くほど②の額が高額となることに注意が必要です。

（2）具体的な訴訟の流れ

①訴状の提出

訴えの提起は、訴状を裁判所に提出してしなければならない（民事訴訟法第 134 条第 1 項）とされているため、依頼人またはその代理人は訴状を作成して裁判所に提出し、税理士損害賠償請求訴訟を提訴することになります。訴状が提出されると、裁判所は訴状審査を行います（民事訴訟法第 137 条第 1 項）。訴状審査は、民事訴訟法上要求されている記載事項が満たされているか、手数料の納付がなされているか等の形式的な審査を行うもので、訴えの具体的な内容は審査されません。この段階では、依頼者が対応を行う事項ですので、税理士にとって対応が必要な事項はありません。

②訴状・口頭弁論期日呼出状の送達・受領

裁判所は、訴状審査を終え、訴状が適法である場合には、被告に訴状の副本の送達を行うとともに（民事訴訟法第 138 条第 1 項）、口頭弁論期日を指定して、呼出状を送付します（民事訴訟法第 94 条第 1 項、第 139 条）。通常は、「第 1 回口頭弁論期日呼出状及び答弁書催促状」という書名の書面が送付されることになります。

被告である税理士は、この書面を受領した段階で、訴訟が提起されたことを正式に確認することになります。呼出状には、原告・被告の名称、

事件名、事件番号等の事件を特定する事項、訴訟が係属している裁判所の担当部、第1回口頭弁論期日の日時・場所、答弁書の提出期限等が記載されています。

　税理士損害賠償請求訴訟の場合は、損害賠償請求が主たる請求となります。そのため、訴状の請求の趣旨の記載としては、「被告は、原告に対し、○○円およびこれに対する令和○年○月○日から支払済まで年○分の割合による金員を支払え。」というものが想定されます。請求の原因の記載としては、どのような事実関係を前提に債務不履行の内容等の損害賠償請求の要件が充足されているか等が記載されていることが想定されます。

　被告が第1回口頭弁論期日に出頭せず、請求を争うことを明らかにしない場合は、原告である依頼者の損害賠償請求を認めたものとみなされ（民事訴訟法第159条第1項、第3項）、依頼者の請求どおりの判決が言い渡されることになります。そのため、訴状を受け取った税理士は、速やかに応訴方針を検討する必要があります。この段階に至りますと、民事訴訟の専門的な知識や経験が必要となりますので、弁護士に相談をするのが良いものと考えられます。

③答弁書の作成・検討

　訴状を受け取った税理士は、弁護士とともに応訴方針を検討することになります。訴状を受け取ってから答弁書の提出期限まで時間がないことも多いため、訴状を受け取ってからなるべく早期に弁護士へ相談するが良いものと考えられます。

　応訴方針として検討すべきポイントとしては、①依頼者の請求を認めるのか、請求棄却を求めるのか（訴状の「請求の趣旨」に対する検討）、②訴状に記載されている事実を認めるのか、否認するのか（訴状の「請求原因事実」に対する検討）、③反論方針の検討、④和解による解決が

可能なのか等が挙げられます。弁護士に相談を行う際は、税理士がこれまでどのような対応を行い、どのような点が問題とされているのか、依頼者とのこれまでの交渉経緯が分かるような資料や、これまでの申告書等の証拠書類を持参すると、検討を早期に進めることができます。

　応訴方針の検討を行ったら、答弁書を作成します。答弁書は、内容面では、①請求の趣旨に対する答弁、②訴状に記載された事実に対する認否、③抗弁事実、④立証を要する事由ごとに、当該事実に関連する事実で重要なものおよび証拠を記載し（民事訴訟規則第 80 条第 1 項）、形式面では、被告である税理士またはその代理人の郵便番号および電話番号（ファクシミリの番号を含みます）を記載する必要があります（同条第 3 項、同規則第 53 条第 4 項）。実務的には、答弁書の提出期限までに詳細な検討や証拠の収集を行うことができない場合も多く、そのような場合には、請求の趣旨に対する答弁としては、「原告の請求を棄却する。」等とし、請求の原因に対する認否については、「追って主張する。」等とする簡単な書面を提出するに留める場合もあります。弁護士が答弁書の作成を行う場合は、弁護士が答弁書を作成し、税理士がこれを確認することになります。

　答弁書の提出は、仮に提出期限を徒過したとしても第 1 回口頭弁論期日までに提出を行えば法的には不利益はないものの、提出が遅れることが見込まれる場合には、担当裁判所書記官に連絡をして提出時期をあらかじめ伝えておくことが望ましいです。

　また、弁護士に訴訟の対応を依頼する場合は、訴訟委任状を裁判所に提出するとともに（民事訴訟規則第 23 条）、事件を担当する弁護士と委任契約を締結する必要があります（弁護士職務基本規程第 30 条第 1 項本文、弁護士の報酬に関する規程第 5 条第 2 項本文）。

④第1回口頭弁論期日

（ⅰ）第1回口頭弁論期日手続全体の流れ

第1回口頭弁論期日においては、次のような手順で手続が行われます。

（a）期日の行われる法廷へ出頭した事実の確認・事件の読み上げ

（b）訴状・答弁書の陳述等

（c）書証の取調べ

（d）次回期日の調整等

（a）期日の行われる法廷へ出頭した事実の確認・事件の読み上げ

　裁判所の指定された法廷に出頭した際には、出頭した事実を裁判所に通知する必要があります。法廷に出頭カードが置いてあることが多いため、出頭者について丸を付けて出頭の有無を通知します。被告である税理士の席は裁判官の方向に向かって右手であることが多いため、そちらに着席して手続が開始するのを待ちます。指定された時刻になったら、書記官が事件番号等を口頭で読み上げます。

（b）訴状・答弁書の陳述等

　まずは、原告である依頼者またはその代理人が訴状を陳述します。陳述といっても、実際の手続は、訴状の内容を朗読するのではなく、裁判官が「訴状陳述でよろしいですね。」と促して、依頼者またはその代理人が「陳述します。」と述べて陳述の手続を終えます。続いて、答弁書についても同様の手続を行います。なお、答弁書を提出していない場合は、この手続の際に、裁判官が被告に対して請求の趣旨に対する答弁と請求原因に対する認否・反論を尋ねることになります。

　この段階では、上記のような形式的なやり取りのみがなされることも多いですが、裁判所から原告に対して主張内容の確認を行ったり、裁判

所から被告である税理士やその代理人に対して反論の方針の確認を行ったり、代理人間で質問を行ったりすることもあります。

（c）書証の取調べ

原告および被告の提出した書証（主張している事実を証拠づける書面）を取り調べます。具体的には原本として書証を提出した場合は、原本と裁判所に送付した写しが相違ないかを裁判所が確認します。原本ではなく写しとして書証を提出した場合は、写しをそのまま取り調べて提出扱いとします。

（d）次回期日の調整等

裁判所は、次回期日を口頭弁論期日のまま続行するか、それとも争点および証拠の整理手続（弁論準備手続など）に切り替えるかについての判断を行います。多くの事件では、弁論準備手続と呼ばれる争点等を整理するための手続に切り替えられることが多いです。弁論準備手続に切り替えられると、電話会議システムやウェブ会議システムを用いて手続を進めることができるようになります（民事訴訟法第170条第3項）。

その後、次回期日の日程調整や次回期日までに提出する書面の提出期限の調整等を行います。通常は書面提出まで1、2か月程度の期間を設定し、その1週間後を目途に次回期日が指定されます。これらの手続を終えると、第1回口頭弁論期日は終了します。

（ⅱ）第1回口頭弁論期日への出席の要否等

第1回口頭弁論期日は、被告や被告代理人の都合を確認することなく指定されるため、答弁書を提出して、第1回口頭弁論期日を欠席することができます。その場合でも、あらかじめ答弁書を提出していれば、その内容を裁判所で主張したことになります（民事訴訟法第158条）。実

務において、被告が第１回口頭弁論期日を欠席することはよくあり、事前に答弁書の提出を行えば法的な不利益はありません。第１回口頭弁論期日に欠席することが予定されている場合は、答弁書にその旨を記載することが望ましいです。

　弁護士に訴訟の対応を依頼している場合は、第１回口頭弁論期日の対応を含めて、裁判期日の対応は弁護士のみで対応をすることが可能であり、被告である税理士は期日に出席をしなくても問題はありません。しかし、例えば、和解が見込まれる事案等においては、速やかに当事者の意見を確認することが必要とされること等から、弁護士から期日への出席を要請されることもあります。

⑤続行期日
（ⅰ）続行期日までの準備
　第１回口頭弁論期日以降の続行期日までの準備としては、主として、それぞれの代理人・当事者の間で前回期日に指定された書面の作成を進めることになります。弁護士に書面の作成を依頼した場合であっても、正確な事実関係を把握しているのは税理士であり、事実関係を裏付ける証拠を保持しているのも税理士であることから、税理士による積極的な協力が必要不可欠となります。

　訴状・答弁書以降の書面は、「準備書面」と呼ばれる書面形式で書面を提出することになり、具体的には「第１準備書面」や「準備書面（１）」という名称で、証拠および証拠説明書とともに裁判所に提出を行います。

　相手方から準備書面・証拠の提出を受けた際には、準備書面・証拠の内容を検討し、次回期日以降でどのように対応をするか、どのように反論を行うか等を弁護士とともに検討することになります。

（ⅱ）続行期日の手続

第1回口頭弁論期日と同様の手順で手続が進行します。通常、両者の主張が出尽くし争点が絞られるまで、原告と被告とが交互に1、2か月の間隔で、反論を行う書面の提出を行い、期日が進んでいきます。証人尋問などの人証の申出を行う場合は、期日において、裁判所にあらかじめ主張をしておくことが考えられます。

⑥証拠調べ期日（証人尋問等）

（ⅰ）人証の申出

続行期日や準備書面の提出等によって、争点が絞り込まれたら、いわゆる証人尋問を行うことがあります。このような当事者や証人に対する尋問を「人証」といいます。具体的には、依頼者本人、依頼者が法人である場合はその担当者、税理士、税理士事務所・税理士法人の従業員等に対して、尋問を行うことが想定されます。

このような尋問を行うためには、人証の申請を行う必要があり、①証人の指定、②尋問時間、③証明すべき事実等を記載した証拠申出書を裁判所および原告に提出する必要があります。なお、証人尋問を申請する場合は、裁判所から、証人尋問に先行して、その証人の認識や見解等をまとめた陳述書を作成し、証拠として提出することを求められることが通常です。

人証の申出が採用されるかは裁判所の裁量によるところであり、申出を行ったからといって必ずしも証人尋問等が実施されるとは限りません。もっとも、実際に証人の数を限定する等の措置がとられる場合もありますが、採用されることも多いように思われます。

（ⅱ）当事者尋問・証人尋問の事前準備

人証の申出が採用されたら、当事者尋問・証人尋問に対する事前準備

を行います。証拠調べ期日においては、主尋問（人証申請をした側からの尋問）と反対尋問（人証申請をしていない側からの尋問）がこの順番で行われるため、それぞれに準備を行う必要があります。具体的には、主尋問において質問を行う事項および反対尋問において想定される質問をあらかじめ検討の上、実際に口頭で回答をする準備や練習を行います。このような準備や練習を、実際の尋問の前に2〜3回以上は行うことが多いです。

（ⅲ）当事者尋問・証人尋問期日の流れ

当事者尋問・証人尋問期日の手続は、次のような手順で行われます。

（a）氏名等の確認（人定質問）

　裁判所が氏名、生年月日、住所等を確認します。

（b）宣誓

　「良心に従って、真実を述べ、何事も隠さず、偽りを述べないことを誓います。」といった内容の宣誓書を当事者・証人が読み上げます。

（c）主尋問

　人証請求を行った側からの質問が行われます。

（d）反対尋問

　人証請求を行っていない側からの質問が行われます。

（e）再主尋問

　再度、人証請求を行った側からの質問が行われることがあります。

（f）補充質問

　裁判所から証人に対して質問を行うことがあります。

⑦裁判上の和解手続

　裁判所はいつでも当事者に和解を試みることができ（民事訴訟法第89条）、実務的にも、裁判所が第1回口頭弁論期日から和解を試みる場

合も、主張の整理を終えた段階で和解を試みる場合も、証人尋問を終えた段階で和解を試みる場合もあります。

　被告である税理士にとっての和解による解決のメリットとしては、判決による場合より減額した賠償額で和解を成立させられることや、判決に比べて早期に解決することができること等が挙げられます。一方で、上訴等ができなくなるため、上級審の判断を得ることができないこと等がデメリットとして挙げられます。

　和解交渉は期日で行われることが多いため、期日に臨むにあたって、あらかじめ和解に対してどのような方針で対応するのかを検討しておく必要があります。期日における和解交渉は、裁判所を交えて行われます。和解交渉は、原告被告の双方対席のまま和解交渉を行う場合のほか、裁判所と当事者の一方が協議することを相互に繰り返す場合もあります。これらの手続の中で、裁判所がその時点での心証（証拠および事実に対する裁判官の判断[34]）を開示し、それぞれの当事者に譲歩等を求めることが多いです。

　和解の方針が両当事者でまとまったら、具体的にどのような条件で和解を行うかという和解条項案の作成・検討が進められます。税理士損害賠償請求の場合、原告である依頼者が訴えを取り下げるとともに、被告である税理士が一定の損害賠償金を支払うことをその内容とすること等が内容として盛り込まれることが想定されます。和解条項案がまとまりましたら、期日の場で、裁判所が和解を成立させ、手続は終了となります。

⑧口頭弁論の終結・判決の言渡し

　原告被告の双方ともに主張を尽くし、人証を含む証拠もすべて提出が

34　伊藤　眞『民事訴訟法　第7版』（有斐閣、2020年）372頁

終わると、裁判所の判断によって、弁論が終結されます。弁論が終結されると、判決言渡し期日が指定されますが、具体的な日時をその場で指定せずに、「追って指定する」とされる場合もあります。

　判決言渡し期日には、当事者の出頭の必要はなく、実務では、多くの場合は期日に出席しません。期日に出席しない場合で、判決言渡し後すぐに判決内容を確認する必要がある場合は、担当裁判所書記官に電話をして判決主文の内容を問い合わせます。

　判決言渡し後は、判決書の謄本が2週間以内に当事者に送達されます（民事訴訟法第255条、民事訴訟規則第159条）。判決書が送達された日から2週間が満了するまでに、当事者のいずれからも控訴が提起されない場合、判決は確定します。請求を認める判決が確定すると、原告は、強制執行手続を行うことが可能になります。

⑨控訴

　敗訴してしまった場合は、控訴期間（判決書が送達された日から2週間）が満了するまでに、判決内容をもとに控訴するか否かの検討を行う必要があります。控訴期間が2週間と短期であるため、事前に、判決の見通し等をもとに、敗訴した場合に控訴を行うのかどうか等を弁護士と協議しておく必要があります。

　控訴を行う場合は、控訴期間の間に控訴状を第一審裁判所である地方裁判所の事件係に提出する必要があります。控訴状には控訴をする旨の記載等の簡素な記載に留め、より詳細な記載は控訴理由書に記載を行うことが実務的には多いものと思われます。控訴理由書は控訴の提起後50日以内に控訴裁判所に提出する必要がありますので（民事訴訟規則第182条）、それまでに弁護士と協議の上、具体的な主張の方針を検討することになります。

　控訴審における審理の流れは基本的に第一審と同様ですが、多くの場

合は、1回のみの期日で弁論が終結し、和解の試みや判決言渡し等がなされることが多いです。

　以上が税理士損害賠償請求訴訟の流れになります。訴訟に至る前の段階で解決するのが一番ですが、万が一訴訟に発展してしまった場合にも、慌てずに上記の流れに沿って弁護士と協働しながら対応しましょう。

著者紹介

【編著者】

岩品　信明（いわしな　のぶあき）

■全体、第4章、column担当

2000年弁護士登録（第二東京弁護士会）、2010年税理士登録（東京税理士会）、TMI総合法律事務所パートナー弁護士・税理士。

主な業務は、税務調査対応、税務訴訟、タックスプランニングなど。

主な著作に、「BEPSを踏まえた各国動向及び日本企業の対応に関する調査」（平成27年度経済産業省委託調査）、『租税判例百選（第7版）』（共著、有斐閣）、『新型コロナ新常態の法務対応』（編集代表、商事法務）など多数。

【著者】

板井　遼平（いたい　りょうへい）

■第3章、第4章担当

2019年弁護士登録（第一東京弁護士会）、TMI総合法律事務所弁護士。

主な業務は、税務調査対応、税務訴訟、タックスプランニング、M&A、役職員のインセンティブプランなど。

著作に、『実務逐条解説　令和元年会社法改正』（共著、商事法務）。

芥川　詩門（あくたがわ　しもん）

■第2章、第5章担当

2020年弁護士登録（東京弁護士会）、TMI総合法律事務所弁護士。

主な業務は、税務訴訟、タックスプランニング、AI、国内外の個人情報保護法対応など。

主な著作に、リーガルマインド誌「ヘルスケアデータ利活用の法律実務（連載）」（共著、医薬品企業法務研究会）、『個人情報管理ハンドブック〔第5版〕』（共著、商事法務）など。

田中　大介（たなか　だいすけ）
■第2章、第3章担当
2020年弁護士登録（第一東京弁護士会）、TMI総合法律事務所弁護士。
主な業務は、税務調査対応、税務訴訟、タックスプランニング、M&Aなど。
主な著作に、「Getting the Deal Through: Corporate Reorganizations 2023」（共著、Law Business Research Ltd.）、『金融機関の法務対策6000講』（共著、きんざい）など。

篠原　崚（しのはら　りょう）
■第1章、第3章担当
2022年弁護士登録（第一東京弁護士会）、TMI総合法律事務所弁護士。
主な業務は、税務調査対応、タックスプランニング、相続、ファイナンス、個人情報など。

利光　健作（としみつ　けんさく）
■第3章、第4章担当
2022年弁護士登録（東京弁護士会）、TMI総合法律事務所弁護士。
主な業務は、税務調査対応、タックスプランニング、スポーツ・エンタテイメント、ヘルスケアなど。

植田　一平（うえだ　いっぺい）

■第3章、第4章担当

2022年弁護士登録（第二東京弁護士会）、TMI総合法律事務所弁護士。

髙松　千在（たかまつ　ちあり）

■第2章、第3章担当

2022年弁護士登録（東京弁護士会）、TMI総合法律事務所弁護士。

サービス・インフォメーション
―――――――― 通話無料 ――――

①商品に関するご照会・お申込みのご依頼
　　　　　TEL 0120(203)694／FAX 0120(302)640
②ご住所・ご名義等各種変更のご連絡
　　　　　TEL 0120(203)696／FAX 0120(202)974
③請求・お支払いに関するご照会・ご要望
　　　　　TEL 0120(203)695／FAX 0120(202)973

●フリーダイヤル(TEL)の受付時間は、土・日・祝日を除く
　9:00～17:30です。
●FAXは24時間受け付けておりますので、あわせてご利用ください。

1冊ですぐ分かる・実践できる
税理士損害賠償請求対策
～有効な予防策・問題発生後の対応、訴訟の流れまで～

2024年3月10日　初版発行

編　著　　岩　品　信　明

発行者　　田　中　英　弥

発行所　　第一法規株式会社
　　　　　〒107-8560　東京都港区南青山2-11-17
　　　　　ホームページ　https://www.daiichihoki.co.jp/

税賠請求対策　ISBN 978-4-474-09329-4 C2032 (4)